AI 시대의 소비자 행동론

신홍섭 장현수 최정선

박영사

머 리 말

– 인간 중심 소비 이해의 새로운 패러다임을 위하여 –

21세기는 기술이 인간의 일상과 사고방식을 근본적으로 바꾸는 시대이다. 우리는 이미 인공지능(AI), 빅데이터, 알고리즘, 그리고 플랫폼 경제라는 거대한 흐름 속에서 '소비자'이자 동시에 '데이터 생산자'로 살아가고 있다. 소비의 과정은 단순한 선택 행위를 넘어, 인공지능의 예측과 추천, 사회적 알고리즘이 작동하는 복합적 의사결정 구조로 진화하였다.

이러한 변화 속에서 전통적인 소비자 행동 이론은 근본적인 질문에 직면한다.

"소비자는 여전히 자율적 존재인가?"
"AI가 소비자의 선택을 예측하고 유도하는 시대에, 인간의 의사결정은 어떤 의미를 가지는가?"
"데이터 중심의 분석만으로 인간의 복합적 감정과 가치를 이해할 수 있는가?"

이 책은 이러한 물음들에 대한 학문적·실천적 답을 찾기 위한 시도이다. 『AI 시대의 소비자 행동론』은 기존 소비자 행동학이 축적해온 심리학적·경제학적·사회학적 토대를 기반으로 하면서, AI와 디지털 기술이 결합된 새로운 소비자 이해의 체계를 제시한다. 본서는 단순히 "기술이 소비를 어떻게 변화시키는가"를 묻지 않는다. 오히려 "기술 시대에도 변하지 않는 인간의 본질적 욕구와 의미는 무엇인가"를 탐색한다.

AI는 소비자의 행동을 예측할 수는 있지만, 인간의 '의미'를 해석하지는 못한다.

따라서 본서는 데이터 기반 접근에 인문학적 통찰과 공감적 이해를 결합한 "인간 중심 소비자 행동론(Human-centered Consumer Behavior Theory)"의 관점을 제안한다.

각 장에는 실제 사례를 중심으로 한 케이스 스터디(Case Study)가 포함되어 있다. 이는 학문적 개념을 현실 맥락 속에서 재구성하고, 복합적 사고와 창의적 문제 해결력을 함양하는 교육적 도구로 활용될 것이다. 또한 토의 질문과 워크시트 활동을 통해 학습자는 자신의 가치관을 확장하고, 기술과 인간의 조화로운 관계를 탐구할 수 있을 것이다.

이 책이 추구하는 목표는 단순히 지식을 전달하는 것이 아니다. AI 시대의 소비자는 더 이상 '데이터 포인트'가 아니라, 의미를 생산하는 인간 주체임을 되새기게 하는 데 있다. 기술과 인문학, 데이터와 가치, 예측과 공감이 공존하는 새로운 소비자학의 길을 함께 열어가고자 한다.

이 책이 소비자 행동을 연구하는 학자와 마케팅 실무자, 그리고 미래의 연구자들에게 "AI 시대에도 인간을 잃지 않는 분석"이라는 통찰을 전해주기를 바란다.

소비자 행동의 본질은 언제나 인간에게 있으며, 기술은 그 인간을 더 깊이 이해하기 위한 도구일 뿐이다.

2026년 1월

저자 일동

차 례

제1장 소비자 행동 연구의 진화와 AI 시대

제2장 인공지능과 인간의 의사결정

제3장 소비자 행동 분석과 AI

제4장 빅데이터 기반 소비자 세분화

제5장 AI 시대의 소비자 경험 관리

제6장 AI 시대의 소비자 행동 예측과 마케팅 전략

제7장 AI 시대 소비자 행동 연구와 미래 전망

제8장 AI 시대 소비자 행동과 지속가능 마케팅

제9장 AI 시대 소비자 행동 연구의 통합적 분석과 실무 적용

제10장 AI 시대 소비자 행동의 전략적 통찰과 조직 내 활용

제11장 AI 시대 소비자 행동 연구의 종합적 통찰과 전략적 제언

제12장 AI 시대 글로벌 소비자 행동과 국제 마케팅 전략

제13장 AI 시대 소비자 행동의 미래 전망

제 1 장

소비자 행동 연구의 진화와 AI 시대

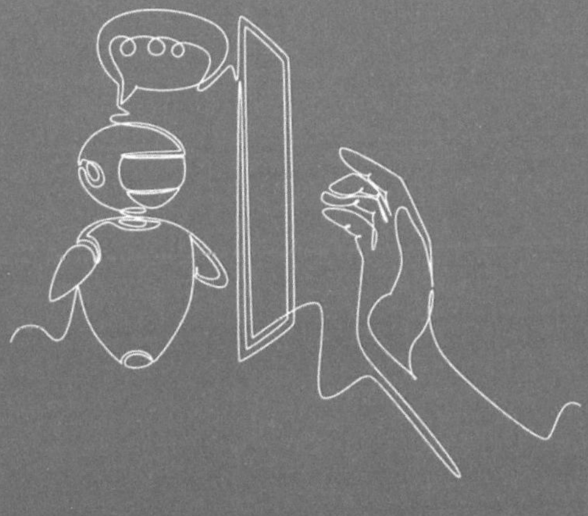

AI 시대의 소비자 행동론

학습목표

소비자 행동론의 학문적 기초와 이론적 발전 과정을 이해한다.

디지털 기술의 확산이 소비자 의사결정 과정에 미친 영향을 분석한다.

인공지능(AI) 시대의 소비자 행동 패러다임 전환을 설명할 수 있다.

데이터 기반 마케팅 환경 속에서 인간 중심 소비자 이해의 필요성을 논의한다.

핵심용어

소비자 행동론, 의사결정 과정, 행동경제학, 디지털 소비, 알고리즘 소비자, 빅데이터, AI 마케팅, 개인화, 추천 시스템, 인간 중심 마케팅

제 1 장

소비자 행동 연구의 진화와 AI 시대

1. 소비자 행동론의 학문적 기초

소비자 행동론은 마케팅학의 핵심 하위 분야로서, 소비자의 선택, 구매, 사용, 그리고 처분 과정에서의 심리적·사회적·문화적 요인을 체계적으로 분석하는 학문이다(Schiffman & Kanuk, 2010).

1950~60년대 이후 경제학적 합리성 모델을 대체하며, 인간의 비합리적·감정적 요인을 강조하는 행동주의적 소비자 연구가 본격화되었다.

초기의 소비자 행동 연구는 주로 합리적 의사결정 모형(rational decision model)을 중심으로 이루어졌으며, 이는 소비자가 완전한 정보를 바탕으로 효용을 극대화한다는 경제학의 전제에서 출발하였다. 그러나 실제 소비자는 제한된 정보, 감정, 사회적 맥락 속에서 행동한다는 점이 밝혀지면서, 제한된 합리성(bounded rationality, Simon, 1957) 개념이 등장하였다.

이후 1970~80년대에는 정보처리이론(information processing theory)이 대두되어, 소비자 의사결정을 인지과정의 단계적 체계로 설명하려는 시도가 활발해졌다. Engel, Blackwell & Miniard(1995)가 제시한 '소비자 의사결정 5단계 모형(문제 인식-정보 탐색-대안 평가-구매-사후 평가)'은 여전히 소비자 연구의 기본 틀로 활용되고 있다.

한편, 마케팅학의 실천적 전환은 소비자를 단순한 '구매 주체'가 아닌 '의미 생산자(meaning creator)'로 재해석하는 데에서 이루어졌다. 이는 1990년대 이후 등장한 소비문화이론(CCT: Consumer Culture Theory, Arnould & Thompson, 2005)에 의해 이론적으로 정립되었다. CCT는 소비가 경제적 행위뿐 아니라 정체성, 사회적 지위, 감정 표현의 수단이라는 점을 강조한다.

1) 소비자 행동론의 정의

소비자 행동론(Consumer Behavior)은 소비자가 제품과 서비스를 선택, 구매, 사용, 처분하는 모든 과정에서의 심리적·사회적 메커니즘을 탐구하는 학문이다.

즉, "무엇을, 왜, 언제, 어디서, 어떻게 소비하는가"를 이해함으로써 개인과 사회의 소비 현상을 설명하고 예측하려는 연구 분야이다.

2) 소비자 행동론의 학문적 성격

소비자 행동론은 다학문적 성격(interdisciplinary nature)을 지닌다.

심리학, 사회학, 인류학, 경제학, 마케팅학 등 다양한 학문으로부터 이론적 토대를 차용하고 이를 통합하여 소비자 의사결정을 설명한다.

[학문 영역에 기여도 및 소비자 행동 연구에 적용]

1) 심리학(Psychology)영역은 동기, 지각, 학습, 태도, 성격에 기여하며, 소비자의 인지적·정서적 반응 분석이 소비자 행동 연구에 적용된다.
2) 사회학(Sociology)영역은 사회규범, 역할, 집단행동, 사회계층에 기여하며, 준거집단·가족 영향력 연구는 소비자 행동 연구에 적용된다.
3) 인류학(Anthropology)영역은 문화, 하위문화, 상징, 의례에 기여하며, 소비의 문화적 의미, 브랜드 상징성 분석이 소비자 행동 연구에 적용된다.
4) 경제학(Economics)영역은 효용극대화, 합리적 선택이론에 기여하며, 가격민감도, 대체효과 분석이 소비자 행동 연구에 적용된다.
5) 마케팅학(Marketing)영역은 시장세분화, 포지셔닝, 마케팅믹스에 기여하

며, 소비자 만족, 충성도, 브랜드전략 수립은 소비자 행동 연구에 적용된다.

3) 소비자 행동 연구의 발전 과정

(1) 경제학적 접근(1950년대 이전)

- 소비자는 합리적이고 효용을 극대화하는 존재로 간주된다.
- 한계효용이론, 수요이론 중심.
- 대표 이론: Utility Theory, Demand Theory

(2) 행동과학적 접근(1960~1970년대)

- 인간의 비합리적, 심리적 요인 강조.
- 학습이론, 인지이론, 태도이론 도입.
- 대표 모델: Howard－Sheth Model (1969), Engel－Kollat－Blackwell Model (1968)

(3) 정보처리 접근(1980년대)

- 소비자는 정보를 탐색·해석·저장하는 '정보처리자'로 봄.
- 광고 효과, 브랜드 인지, 기억 구조 연구 활발.

(4) 경험적·상징적 접근(1990년대 이후)

- 소비를 정체성, 감정, 상징적 의미의 표현으로 봄.
- '소비의 즐거움', '브랜드 경험', '소비자문화이론(CCT)' 등장.
- 대표 연구자: Arnould & Thompson (2005)

(5) 디지털·AI 기반 접근(2000년대 이후)

- 빅데이터, 신경과학, 인공지능 기반 소비자 분석.
- Neuromarketing, Behavioral Economics, Predictive Analytics 활용.
- 소비자는 데이터 상의 '행동 패턴'으로 분석되는 객체로 전환.

4) 주요 이론

(1) 심리학적 이론은 Maslow의 욕구단계이론, Pavlov의 고전적 조건화, Fishbein의 태도이론으로 욕구, 학습, 태도형성이 핵심이다.
(2) 사회·문화적 이론은 준거집단이론, 사회정체성이론, 문화자본이론으로 사회적 영향, 상징적 소비가 핵심이다.
(3) 경제학·행동경제학 이론은 합리적 선택이론, 전망이론(Prospect Theory)으로 손실회피, 제한적 합리성이 핵심이다.
(4) 기술·디지털 기반 이론은 기술수용모형(TAM), 확장된 계획행동이론(TPB), 지각된 유용성, 사회적 규범, 행동의도가 핵심이다.

5) 소비자 행동 연구의 주요 패러다임 변화 대표 키워드

(1) 1950년~1960년은 경제적 인간으로의 합리적 선택 접근방식으로 효용, 가격, 한계 효용이 대표 키워드이다.
(2) 1970년~1980년은 심리적 인간으로 인지·태도 중심의 접근방식으로 동기, 학습, 정보처리가 키워드이다.
(3) 1990년대는 사회적 인간으로의 문화·상징 중심에 접근방식으로 라이프스타일, 정체성이 대표 키워드이다.
(4) 2000년 이후는 디지털 인간 중심의 접근방식으로 데이터·AI 기반 맞춤형 마케팅, 예측모델이 대표 키워드이다.

6) 소비자 행동론의 연구 방법론

(1) 정량적 연구(Quantitative Research): 설문조사, 실험, 패널데이터 분석 등
(2) 정성적 연구(Qualitative Research): 심층인터뷰, 포커스그룹, 문화기술지 등
(3) 혼합 방법(Mixed Methods): 데이터 기반 통계 + 서사적 의미 분석 결합
(4) 신흥 방법: 뉴로마케팅(EEG, fMRI), 빅데이터 분석, 소셜 미디어 텍스트 마이닝

7) 학문적 의의

(1) 이론적 측면: 인간 행동의 다차원적 복합성 이해에 기여.
(2) 실무적 측면: 마케팅 전략 수립, 시장세분화, 고객경험관리에 직접적 활용.
(3) 사회적 측면: 지속가능한 소비, 윤리적 소비, 디지털 소비문화 이해에 기여.

소비자 행동론은 단순히 구매행위를 분석하는 데 그치지 않고, 인간의 욕구, 가치, 사회적 의미를 통합적으로 탐구하는 응용사회과학이다.

오늘날 AI, 빅데이터, 디지털 리터러시가 결합되면서 소비자 행동 연구는 "데이터로 인간을 이해하는 인문사회적 과학"으로 발전하고 있다.

2. 소비자 의사결정과 정보처리의 진화

전통적 소비자 행동론은 의사결정의 합리성과 단계적 프로세스를 전제로 하지만, 실제 소비자는 감정, 직관, 사회적 맥락 속에서 판단한다.

Kahneman & Tversky(1979)의 전망이론(Prospect Theory)은 이러한 비합리적 선택의 심리적 패턴을 설명하며, 손실 회피(loss aversion), 기준점 효과(reference dependence) 등 새로운 인식틀을 제시하였다.

1990년대 이후 정보기술(IT)의 발전은 소비자 의사결정 환경을 근본적으로 변화시켰다. 온라인 쇼핑의 확산, 후기 시스템의 등장, 소셜미디어의 영향은 소비자의 정보탐색 비용을 감소시키는 동시에, 선택의 복잡성을 증가시켰다(Hoffman & Novak, 1996). 즉, 정보의 풍요는 인지적 과부하(cognitive overload)를 초래하여 오히려 선택의 어려움을 증가시켰고, 이에 따라 소비자는 필터링 알고리즘이나 추천시스템에 점점 더 의존하게 되었다. 이 시점에서 소비자 의사결정은 개인의 인지과정이 아니라, 기술과의 상호작용으로 이해되어야 하는 새로운 국면에 진입한다.

1) 소비자 의사결정의 개념

소비자 의사결정(Consumer Decision–Making)이란 소비자가 필요 인식 → 정보 탐색 → 대안 평가 → 구매 → 구매 후 행동에 이르는 전 과정을 통해 특정 제품이나 서비스를 선택하는 과정이다. 즉, 소비자는 인지적·정서적 판단을 통해 "무엇을, 왜, 어떻게 살 것인가"를 결정하는 존재로 본다.

2) 소비자 의사결정의 기본 모형(전통적 관점)

초기 연구자들은 소비자를 합리적 의사결정자(rational decision maker)로 보았다.

단계와 주요 내용, 대표 학자에 대하여 살펴보자.

(1) 문제 인식: 욕구나 결핍의 자각–Engel, Kollat & Blackwell(학자)

(2) 정보 탐색: 내부(기억)·외부(광고, 구전) 탐색–Howard & Sheth(학자)

(3) 대안 평가: 속성별 비교, 효용 계산–Fishbein(학자)

(4) 구매 결정: 선택 및 실행–Nicosia(학자)

(5) 구매 후 평가: 만족, 불만족, 재구매 의도–Oliver(학자)

전통적 접근은 소비자를 "합리적 계산자"로 보고, 정보처리를 논리적·단계적으로 이해했다.

3) 정보처리이론(Information Processing Theory)의 등장

1970년대 이후 인지심리학의 발전으로, 소비자는 단순히 계산하는 존재가 아니라 정보를 선택·해석·저장·활용하는 인지적 시스템으로 이해되기 시작했다.

[정보처리 주요 가정]

- 소비자는 정보의 수용자이자 해석자이다.
- 의사결정은 자극(Stimulus) → 인지(Perception) → 저장(Memory) → 판단(Evaluation) → 행동(Response)의 순환 과정이다.

– 기억 구조, 주의(attention), 지각(perception), 신념(belief) 등이 결정에 영향을 준다.

4) 제한적 합리성

Herbert Simon(1957)은 소비자는 모든 정보를 완벽히 처리할 수 없으며, 제한된 인지 능력 속에서 만족스러운(satisficing) 선택을 한다고 주장했다. 이후 Kahneman과 Tversky(1979)는 '전망이론(Prospect Theory)'을 통해 인간의 비합리적 선택 경향을 설명하였다.

[전통적 합리성 및 제한적 합리성]

– 정보처리: 완전 정보 기반 – 전통적 합리성/ 불완전 정보 기반 – 제한적 합리성
– 판단 기준: 효용 극대화 – 전통적 합리성/ 만족 기준 – 제한적 합리성
– 의사결정 방식: 분석적 계산 – 전통적 합리성/ 경험적 규칙 사용 – 제한적 합리성
– 대표 이론: 효용이론 – 전통적 합리성/ 전망이론(Prospect Theory) – 제한적 합리성

소비자는 실제로는 감정, 직관, 경험적 판단(Heuristic)에 의존하는 경향이 강하다.

5) 디지털 환경에서의 소비자 정보처리 변화

디지털 시대 이후 소비자 의사결정은 "정보의 홍수 속에서의 선택 문제"로 전환되었다.

(1) 온라인 정보 탐색

– 소비자는 인터넷 · SNS · 리뷰 · 커뮤니티를 통해 방대한 정보를 접한다.
– '정보 과부하(information overload)' 현상 발생 → 신뢰할 수 있는 출처를 찾는 것이 핵심이다.

(2) 전자상거래 의사결정

- 알고리즘 추천, 검색순위, 후기 등이 대안 평가의 기준으로 작동.
- 소비자는 스스로 정보를 탐색하기보다 '플랫폼의 제시 정보'를 신뢰하는 방향으로 변화한다.

(3) 사회적 영향 강화

- 온라인 구전(e-WOM), 인플루언서, 커뮤니티가 사회적 준거집단 역할 수행.
- 개인의 인지적 판단보다 타인의 평가와 사회적 평판이 결정적 영향력을 가짐.

6) 행동경제학과 감정 중심 의사결정

Kahneman의 Thinking, Fast and Slow(2011)에 따르면 소비자는 두 가지 시스템으로 사고한다.

- 시스템 1(직관적): 빠르고 자동적, 감정 중심의 특징으로 충동구매, 브랜드 선호, 이미지 소비에 의사결정을 한다.
- 시스템 2(논리적): 느리고 분석적, 인지 중심의 특징으로 비교 평가, 합리적 구매에 의사결정을 한다.

디지털 소비 환경에서는 시스템 1(직관적 판단)의 비중이 급격히 증가하고 있다.

광고 자극, 감성 디자인, 브랜드 스토리텔링이 즉각적 선택을 유도한다.

7) AI 시대의 소비자 의사결정 진화

오늘날 소비자는 더 이상 단독으로 결정하지 않는다.

AI 추천, 알고리즘, 예측모델이 의사결정 과정에 깊숙이 개입하고 있다.

(1) 알고리즘 의존형 소비자(Algorithm-Dependent Consumer)

– 플랫폼이 추천하는 상품을 '합리적 선택'으로 인식
– AI가 필터링·추천·결정하는 과정에 인지적 위임(cognitive outsourcing) 발생

(2) 데이터 기반 맞춤 의사결정

– 소비자 데이터(검색, 구매, 위치, 감정)를 분석하여 개인화된 제안 제공
– 소비자는 스스로 정보를 탐색하기보다 선택된 정보 안에서만 결정

(3) AI 의사결정 지원 시스템(AI Decision Support)

– 챗봇, 가상비서(AI assistant), 추천 알고리즘 등이 소비자의 '공동 의사결정자(co–decision maker)'로 기능
– 인간–기계 공동의사결정(Human–AI Co–Decision)으로 진화

8) 소비자 정보처리의 새로운 패러다임

– 산업화 이전: 판매자 중심–1방향– 정보 불균형
– 산업화~1990s: 소비자 중심–2방향(탐색·비교)–인지적 정보처리
– 디지털 시대(2000s): 네트워크 중심–다방향(SNS, 리뷰)–사회적 정보처리
– AI 시대(2020s~): 인간+알고리즘–예측적 흐름(추천·자동결정)–인공지능 정보처리

소비자는 정보의 수동적 수용자에서, 인공지능과 상호작용하는 '협력적 결정자(co–decision maker)'로 진화하였다.

9) 정보처리의 인간 중심 복원 필요

AI가 의사결정을 지원하는 시대일수록, 소비자의 비판적 정보처리 능력(critical digital literacy)이 더욱 중요해진다.

소비자는 데이터 편향, 알고리즘 조작, 감정 기반 광고에 휩쓸리지 않기 위

해 자율적 판단력과 윤리적 소비의식을 강화해야 한다. 결국, 소비자 의사결정의 진화는 '기술이 정보를 처리하는 시대'에서 '인간이 기술을 통해 더 현명하게 선택하는 시대'로 나아가는 과정이다.

3. 디지털 기술 확산과 소비자 행동의 변화

2000년대 이후 디지털 전환(digital transformation)은 소비자의 행동 패턴, 구매 여정, 브랜드 관계를 전면적으로 재구성했다.

첫째, 소비자는 다채널 환경 속에서 옴니채널(omni-channel) 경험을 추구하며, 온라인·오프라인 간 경계가 무의미해졌다.

둘째, SNS의 발달은 소비자의 '정보 수용자'에서 '콘텐츠 생산자'로의 전환을 촉진하며, 소비를 사회적 참여 행위(social participation)로 확장시켰다.

Kotler et al.(2017)은 이 현상을 '마케팅 4.0'으로 개념화하며, 디지털 네트워크 속에서 소비자는 능동적이고 감정 기반의 의사결정 주체가 된다고 분석하였다.

[소비자 행동 특징]

- 정보원천: 기업 중심 광고(전통 소비자)/ SNS·커뮤니티·리뷰(디지털 소비자)
- 구매경로: 선형적(노출 → 관심 → 구매)(전통 소비자)
  순환적(탐색 ↔ 평가 ↔ 공유 ↔ 재구매)(디지털 소비자)
- 의사결정: 합리적·논리적(전통 소비자)/ 감정적·참여적(디지털 소비자)
- 신뢰 기반: 브랜드(전통 소비자)/ 이용자 경험·평판(디지털 소비자)
- 핵심 가치: 효율성(전통 소비자)/ 경험·공감·정체성(디지털 소비자)

이 변화는 단순히 기술적 편의의 문제가 아니라, 소비의 의미체계 전체를 재구성하는 사회문화적 사건이었다.

4. 인공지능(AI) 기반 소비자 분석

2010년대 이후 인공지능(AI) 기술은 소비자 행동 분석의 패러다임을 다시 한번 전환시켰다.

머신러닝, 딥러닝 기반 데이터 분석은 개별 소비자의 과거 행동, 선호, 감정 표현을 실시간으로 학습하고, 초개인화(hyper-personalization)된 마케팅 전략을 가능하게 만들었다(Lemon & Verhoef, 2016).

AI 마케팅의 핵심은 "소비자를 예측 가능한 데이터 패턴으로 해석하는 것"이다.

기업은 이제 세분화(segmentation)를 넘어, 각 개인의 의사결정 경로를 실시간으로 모델링하고, 그 결과에 맞추어 맞춤형 메시지를 제공한다.

예를 들어, 넷플릭스(Netflix)는 이용자의 시청이력, 시간대, 장르 선호도, 탐색 패턴을 종합적으로 분석하여 개인별 추천 알고리즘을 운용한다. 이 과정에서 소비자의 '선호'는 더 이상 주관적 선택이 아니라 AI가 추론한 행동 확률값(probabilistic behavior)으로 환원된다.

이와 같은 기술적 진보는 소비자 이해의 효율성을 높였으나, 동시에 인간의 자율성과 감정적 선택의 공간을 축소시켰다는 비판도 존재한다(Zuboff, 2019). 즉, AI는 소비자의 편의를 높이는 동시에, 예측 가능한 행동 주체로의 전락을 초래할 수 있다.

1) AI 기반 소비자 분석의 개념

인공지능(AI) 기반 소비자 분석이란 소비자가 생성하는 방대한 데이터를 알고리즘과 기계학습을 통해 수집·해석·예측함으로써 소비자 행동과 의사결정을 이해하는 과정을 말한다. 즉, "소비자가 무엇을, 왜, 어떻게 선택하는가"를 데이터와 알고리즘으로 해석하는 새로운 소비자 행동 연구 방식이다.

2) 소비자 분석 패러다임의 변화

(1) 전통시대: 설문조사, 인터뷰 중심 - 표본 기반, 소규모 - 통계분석(SPSS,

회귀분석)

(2) 디지털시대: 웹로그, SNS 데이터－정형＋비정형－텍스트마이닝, 빅데이터 분석

(3) AI시대: 실시간 행동 데이터－초대규모, 실시간, 예측 가능－머신러닝, 딥러닝

생성형 AI 분석의 초점이 "설명(explanation)"에서 "예측(prediction)"으로 이동했다.

3) AI 소비자 분석의 핵심 구성요소

－ 데이터 수집(Data Collection)
  구매기록, 검색 데이터, SNS, 위치정보 등 다원적 데이터 확보: IoT, 웹크롤링, 로그 분석

－ 데이터 전처리(Data Preprocessing)
  불필요 정보 제거 및 정제: 데이터 클렌징, 토큰화

－ 특징 추출(Feature Engineering)
  소비자 특성·패턴 변수 도출: PCA, 군집분석

－ 모델 학습(Model Training)
  소비자 행동 예측 모델 구축: 머신러닝, 딥러닝, NLP

－ 결과 해석 및 시각화(Interpretation & Visualization)
  의사결정 지원용 인사이트 도출: AI 대시보드, 시각화 도구

4) 주요 AI 분석 기법과 활용

－ 머신러닝(Machine Learning)
  패턴 학습 및 예측: 구매 가능성 예측, 이탈 고객 탐지

－ 딥러닝(Deep Learning)
  복잡한 비정형 데이터 처리: 이미지 기반 제품 추천, 감정 분석

－ 자연어처리(NLP)

텍스트의 의미 분석: 리뷰 감성 분석, 소비자 의견 분류

– 클러스터링(Clustering)

유사한 고객군 도출: 시장세분화, 타깃 마케팅

– 추천시스템(Recommender System)

개인화된 제안: "You may also like" 알고리즘

– 예측모델링(Predictive Modeling)

미래 행동 예측: 수요 예측, 구매 시점 예측

5) AI 소비자 분석의 주요 활용 영역

– 마케팅 전략 수립: 구매 패턴 분석, 시장 세분화–맞춤형 캠페인 설계
– 고객경험관리(CXM): 고객 여정 분석, 불만 예측–서비스 품질 향상
– 제품개발 및 트렌드 탐색: SNS 트렌드 분석, 리뷰 모니터링–신제품 아이디어 도출
– 브랜드 관리: 감정 분석 기반 평판 모니터링–브랜드 위기 조기 대응
– 유통 및 가격전략: 실시간 수요 예측, 동적 가격 설정–효율적 재고·가격 관리

6) 사례 연구(Case Studies)

(1) Amazon – 추천 알고리즘 기반 맞춤형 소비자 분석

– 머신러닝을 활용해 고객의 클릭·검색·구매 데이터를 종합 분석.
– "Collaborative Filtering" 알고리즘으로 유사 소비자 패턴 기반 추천.
– 개인화된 상품 제안으로 매출의 35% 이상이 추천 알고리즘에서 발생.

(2) Coca-Cola – 감정 분석을 통한 브랜드 이미지 관리

– SNS 텍스트마이닝+감정분석(AI NLP)을 통해 긍정·부정 감성 실시간 모니터링.
– 브랜드 위기(불매운동, 제품 논란 등) 조기 감지 → 신속한 대응.

(3) 넷플릭스(Netflix) - AI 기반 콘텐츠 소비자 분석

- 시청 시간, 장르, 일시, 기기, 일시정지 패턴 등 세밀한 데이터 분석.
- 딥러닝 모델이 콘텐츠 추천 → 개인별 맞춤형 경험 제공.
- 고객 유지율(Retention Rate) 상승, 구독 지속률 향상.

7) AI 기반 소비자 분석의 윤리적 쟁점

AI 분석은 효율적이지만, 다음과 같은 윤리적·사회적 문제를 동반한다. 문제 영역과 구체적 이슈 및 대응 방향을 살펴보자.

- 개인정보 보호: 위치·구매이력 등 민감 데이터 수집–데이터 익명화, GDPR 준수
- 알고리즘 편향(Bias): 특정 집단에 불리한 추천–공정성 알고리즘, 편향 점검
- 투명성 결여(Explainability): AI 결정과정의 불명확성–설명 가능한 AI(XAI) 구축
- 소비자 조작 가능성: 감정·습관 분석을 통한 과도한 유도–윤리적 마케팅 기준 확립

AI 분석은 정확성뿐 아니라 '윤리적 소비자 이해'로 확장되어야 한다.

8) 향후 발전 방향

(1) 생성형 AI(Generative AI)를 통한 소비자 시나리오 자동 생성

→ 소비자의 잠재적 니즈 예측 가능

(2) 멀티모달 분석(텍스트+이미지+음성 결합)

→ 감정·상황 맥락까지 해석

(3) 실시간 행동 예측 시스템(Real–time Predictive System)

→ 소비자 여정의 즉각적 대응

(4) 설명 가능한 AI(Explainable AI) 기반 투명성 강화
→ 소비자 신뢰 확보

AI 기반 소비자 분석은 단순히 데이터를 처리하는 기술이 아니라, 소비자의 내면 심리와 사회적 맥락을 '데이터 언어'로 해석하는 새로운 인문사회과학적 방법론이다.

"AI는 소비자를 이해하기 위한 도구이지만, 인간에 대한 통찰이 결여된 AI 분석은 단지 통계일 뿐이다." 따라서 AI 시대의 소비자 분석은 ① 데이터 과학 + ② 인문학적 통찰 + ③ 윤리적 마케팅의 결합이 되어야 한다.

5. AI 시대의 소비자 행동 패러다임

AI 환경에서 소비자 행동론은 기존의 '정보처리－의사결정' 모형에서 '데이터 상호작용－행동예측' 중심의 새로운 패러다임으로 이동하였다.

다음과 같은 세 가지 전환으로 요약된다.

첫째, 행동단위 중심 전환은 인지적 사고보다 실제 행동 데이터(behavioral data)가 주요 분석 단위가 된다.

둘째, 예측 중심 전환은 설명적 모형(descriptive model)에서 예측모형(predictive model)으로 이동한다.

셋째, 상호작용 중심 전환은 소비자가 알고리즘과 지속적으로 상호작용하며, 공동의사결정자(co－decision maker)로서 기능한다. 이로써 소비자는 단순한 분석 대상이 아니라, 데이터 피드백을 통해 스스로 행동을 학습·조정하는 참여자로 진화하였다.

1) 패러다임의 변화 개요

소비자 행동 연구는 시대의 기술적·사회적 변화에 따라 새로운 분석 관점으로 진화해왔다.

AI 시대에 들어서면서 소비자는 더 이상 단순한 '선택자'가 아니라, 데이터와 알고리즘의 상호작용 속에서 행동하는 '지능형 소비자(Intelligent Consumer)'로 전환되고 있다.

시대에 따라 소비자 행동의 중심 개념 및 분석 중심으로 대표적 특징을 살펴보자

- 산업사회
  합리적 소비자(Rational Consumer): 경제학, 효용이론 – 가격·품질 중심
- 정보사회
  정보추구형 소비자(Information–Seeking Consumer): 인지심리학, 정보처리모형 – 탐색·비교 중심
- 디지털사회
  연결된 소비자(Connected Consumer): 사회심리학, 네트워크 이론 – 구전·평판 중심
- AI사회
  지능형 소비자(AI–Augmented Consumer): 데이터 과학, 인공지능 – 알고리즘 의존·맞춤형 소비

소비자 행동의 초점이 '합리적 판단' → '인지적 탐색' → '사회적 상호작용' → '지능적 예측 참여'로 진화하였다.

2) AI 시대 소비자의 핵심 특성

AI 기술이 소비자의 일상과 의사결정에 통합되면서, 소비자는 다음과 같은 다층적 특성을 보인다.

[AI 시대 소비자의 핵심 특성]

1) 알고리즘 의존성(Algorithm Dependence)
   소비자는 플랫폼·추천시스템의 결과를 '객관적'이라 인식하고 신뢰: 유튜브·넷플릭스 추천 콘텐츠, 쿠팡의 "이 상품을 구매한 고객은…"

2) 맞춤형 경험(Personalized Experience)

AI가 개별 소비자 데이터를 기반으로 '나에게 맞는 상품'을 제공: AI 쇼핑 추천, 개인화 광고

3) 실시간 피드백 소비(Real–Time Consumption)

실시간 데이터 기반으로 즉각적 선택과 반응: 실시간 가격 비교, 즉시 리뷰 반영

4) 감정·맥락 기반 소비(Affective Consumption)

AI가 소비자의 감정·상황을 인식하여 제안: 음성비서의 감정 톤 인식, AI 심리분석 마케팅

5) 예측적 행동(Predictive Behavior)

소비자는 'AI가 예측한 결과'를 자연스럽게 선택: 자동 구독, 예측형 배송 시스템

AI는 소비자의 '선택'을 분석할 뿐 아니라, 소비자의 미래 행동을 설계·유도하는 행위자로 기능한다.

3) AI 기반 소비자 행동의 이론적 전환

AI 시대의 소비자 행동은 전통적 이론이 설명하지 못하는 새로운 현상을 포괄해야 하며, 다음 세 가지 이론적 축으로 재편된다.

전통 이론 및 AI 시대의 확장 개념을 살펴보자.

(1) 정보처리 패러다임

EKB 모형(Engel et al., 1968): 합리적 정보 탐색과 평가

→ 알고리즘이 정보처리를 '대행'(Human–AI Co–processing)

(2) 사회적 영향 패러다임: 사회적 비교이론, 구전효과

→ 소셜 알고리즘이 '사회적 판단'을 조정(AI–mediated Influence)

(3) 감정·경험 패러다임 Holbrook & Hirschman(1982): 감성적 소비경험
→ 감정인식 AI, 감성 마케팅을 통한 '정서적 맞춤화'

AI는 인간의 인지·사회·감정의 세 차원을 모두 분석·재구성함으로써 소비 행동을 '데이터-감정-맥락 통합형 의사결정'으로 확장시킨다.

4) AI 소비자 행동 모델의 구조적 특징

AI 시대의 소비자 행동은 인간의 자율적 판단이 아닌, 인공지능 시스템과의 상호작용 과정으로 이해해야 한다.

[AI 소비자 행동 과정 5단계]

1단계: 데이터 입력(Input) – 소비자의 검색, 클릭, 위치, 생체 데이터 수집
2단계: 패턴 분석(Pattern Recognition) – AI가 행동패턴·취향 학습
3단계: 예측 및 제안(Prediction & Recommendation) – 개인 맞춤형 제안 제공
4단계: 소비자 반응(Response) – 소비자의 수용·거부·수정적 피드백
5단계: 피드백 루프(Feedback Loop) – 행동 결과가 다시 AI 학습 데이터로 환원

소비자의 선택은 더 이상 "독립적 판단"이 아니라, AI와의 상호 피드백 순환체계에서 이루어진다.

5) 패러다임의 핵심 전환: '데이터 기반 소비자'의 등장

기존 소비자 및 AI 시대 소비자를 살펴보자.

- 인식 구조: 인지적·감정적 판단 – 알고리즘 학습을 통한 데이터 인식
- 정보 원천: 광고·경험·구전 – 플랫폼·AI 추천
- 행동 방식: 탐색 → 평가 → 구매–예측 → 추천 → 자동 구매
- 의사결정 주체: 인간 중심–인간+AI 공동 결정
- 가치 기준: 효용·만족–개인화·경험·즉시성

AI 시대의 소비자는 "데이터를 생성하면서 동시에 데이터에 의해 형성되는 존재"이다.

6) 새로운 소비자 행동 개념의 출현

AI 시대를 설명하는 새로운 소비자 행동 개념들이 등장하고 있다.
개념과 주요 내용, 대표 학자를 살펴보자.

- 프로슈머(Prosumers)
  생산자이자 소비자로서, 데이터 제공을 통해 시장에 영향: Toffler(1980)
- 데이터 소비자(Data Consumer)
  데이터와 알고리즘이 상품이자 소비 대상: Mayer-Schönberger & Cukier(2013)
- AI소비자(AI-Augmented Consumer)
  AI의 판단을 신뢰하고 의사결정 일부를 위임: Shankar(2018), Netflix 사례
- 디지털 트윈 소비자(Digital Twin Consumer)
  가상의 AI 아바타가 실제 소비 패턴을 모방: 메타버스, 가상 리테일 실험

소비자는 이제 '소비 행위자'에서 '데이터 공동 생산자'로 이동하고 있다.

7) AI 소비자 행동 패러다임의 사회적 함의

AI 기반 소비자 행동은 효율성과 편리성을 높이지만, 동시에 다음과 같은 사회적 함의를 지닌다.
긍정적 측면과 부정적 측면을 살펴보자.

- 소비 효율성: 맞춤형 추천, 시간 절약-선택의 다양성 축소(필터 버블)
- 정보 접근성: 실시간 정보 제공-편향된 정보 노출
- 소비자 경험: 감정 기반 맞춤 서비스-프라이버시 침해
- 시장 구조: 신속한 수요 대응-플랫폼 독점 강화

AI 패러다임은 "소비자 복지 향상"과 "디지털 통제 위험"의 양면성을 동시

에 지닌다.

8) 향후 방향: 인간 중심 소비자 행동 패러다임

AI가 소비자의 행동을 분석·예측하는 시대일수록, 인간의 자율성과 비판적 판단력을 복원하는 인문사회적 접근이 필요하다.

(1) 투명한 알고리즘: 소비자에게 추천의 근거를 설명

(2) 데이터 리터러시 교육: 소비자가 데이터 편향을 인식

(3) 윤리적 마케팅: 감정조작 대신 진정성 기반의 소통

(4) 인간–기계 협력(Human–AI Collaboration): 소비자 의사결정의 '공동주체'로서의 AI 활용

"AI 시대의 진정한 소비자 중심성은, 기술이 아닌 인간의 통찰이 행동을 이끄는 것에 있다."

[AI 시대의 소비자 행동 패러다임]

1) 데이터 중심(data–driven),

2) 예측 기반(predictive),

3) 협력적(co–decisional) 구조로 전환되고 있다.

소비자는 더 이상 정보의 수동적 수용자가 아니라, AI와 상호작용하며 의미를 생산하는 능동적 존재이다. 따라서 소비자 행동 연구는 인공지능 기술과 인문학적 통찰을 통합하는 '융합적 소비자 과학(Convergent Consumer Science)'으로 나아가야 한다.

6. 인간 중심의 소비자 이해

AI 시대의 소비자 행동 연구는 데이터 과학적 정밀성에 치중할 위험이 있다. 그러나 소비자는 여전히 감정, 경험, 윤리적 판단을 지닌 '의미 생산적 존재'

이다.

따라서 향후 소비자 행동론은 기술적 분석과 인문학적 성찰이 결합된 통합적 접근을 요구한다.

AI의 도움을 받는 소비자는 효율적이지만, 때로는 자신의 선택이 어떻게 유도되는지 인식하지 못한다. 이 지점에서 마케팅학은 소비자 행동을 단순히 예측하는 학문이 아니라, 소비자의 자유와 가치판단을 지켜주는 학문으로 재정립되어야 한다.

1) 기술 중심에서 인간 중심으로

AI와 데이터 분석 기술이 발전하면서 소비자 행동 연구는 빠르게 자동화되고 정량화되었다. 그러나 소비자는 단순한 데이터 패턴이 아닌 '맥락 속의 인간'이다.

AI가 소비자의 선택을 예측할 수는 있어도, 소비자의 가치·감정·의미를 완전히 해석하기는 어렵다.

따라서 오늘날의 소비자 연구는 기술 중심 분석(Tech–driven analytics)을 넘어 인간 중심 접근(Human–centered approach)으로의 전환이 요구된다.

2) 인간 중심 소비자 이해의 핵심 원리

- 총체성(Holism)
  소비자는 이성적·감정적·사회적 존재로서 다차원적으로 이해되어야 함: 감정, 사회적 맥락
- 맥락성(Contextuality)
  소비행동은 상황·문화·관계적 맥락 속에서 발생: 문화적 의미, 상황적 판단
- 가치 중심(Value oriented)
  소비자는 가격보다 자신의 가치관과 삶의 목적에 따라 행동: 윤리적 소비, 정체성
- 공감과 경험(Empathy & Experience)

소비자 이해는 데이터 해석이 아니라 '공감적 통찰'을 필요로 함: 감정이입, 브랜드 경험

– 참여와 공동창출(Co–creation)

소비자는 수동적 수용자가 아닌 브랜드 가치의 공동 생산자: 참여, 공동체, 팬덤경제

3) 인문학적 소비자 이해의 필요성

AI 시대일수록 인문학적 접근은 더욱 중요하다.

인문학은 '인간이 무엇을 느끼고, 왜 그렇게 행동하는가'를 탐구함으로써 소비자의 내면적 의미세계를 밝혀낸다.

관점 및 주요 연구를 살펴보자.

– 철학적 관점

"소비는 인간 존재의 어떤 표현인가?"/ 미니멀리즘, 윤리적 소비 운동

– 심리학적 관점

"소비자는 어떤 감정과 욕구를 통해 결정을 내리는가?"/ 브랜드 애착, 감정소비

– 문화인류학적 관점

"소비는 문화적 정체성과 어떤 관계가 있는가?"/ K–브랜드, 팬덤문화

– 사회학적 관점

"소비는 사회적 지위나 관계를 어떻게 반영하는가?"/ 명품 소비, 공유경제 참여

4) 인간 중심 접근과 데이터 기반 접근의 융합

AI 기반 분석은 소비자의 '행동 패턴'을 수치화하지만, 그 이유와 맥락은 놓치기 쉽다.

따라서 현대 소비자 연구는 데이터 사이언스+휴먼 인사이트(Human Insight)의 결합을 지향한다.

기술 중심 접근 및 인간 중심 접근의 융합 방향을 살펴보자.

– 분석 초점

데이터, 패턴, 예측/ 감정, 경험, 의미/ 데이터 해석의 인간화

– 방법론

빅데이터 분석, 알고리즘/ 인터뷰, 내러티브, 문화기술지/ 혼합 방법 (Mixed Methods)

– 핵심 목표

효율적 예측/ 공감적 이해/ 의미 있는 혁신

5) 사례: 인간 중심 소비자 이해의 실제 적용

(1) 애플(Apple)

– '기술이 아닌 경험을 파는 브랜드'

– 기능보다 감성적 경험, 심미성, 정체성 강조

– "Think Different"는 기술 중심 광고가 아닌 인간 중심 메시지

(2) IKEA

– '삶 속의 디자인' 철학

– 제품 판매보다 '생활 방식의 제안'에 초점

– 소비자와 공동으로 제품을 조립·활용하게 하여 '참여적 가치' 창출

(3) Patagonia

– 윤리적 소비의 선도

– 'Don't buy this jacket' 캠페인으로 소비를 재정의

– 브랜드 신뢰와 사회적 가치 동시 확보

6) 인간 중심 소비자 이해의 학문적 확장

– 감성 기반 소비자 행동 연구

신경과학, 감정분석(Affective Computing)과 인문학 통합

– 의미 중심 소비 연구(Meaningful Consumption)

소비를 '삶의 서사'로 해석(소비자 내러티브 연구)

– 포용적 디자인(Design for All)

고령자·장애인 등 다양한 소비자 경험을 포용

– 지속가능 소비(Sustainable Consumption)

환경·윤리적 책임을 중시하는 인간 가치 기반 연구

[인간 중심 소비자학의 재정립]

AI 시대의 소비자 이해는 데이터가 아닌 인간으로부터 출발해야 한다.

소비자의 행동은 단순한 '선택'이 아니라, 가치(Value)의 표현이며, 정체성(Identity)의 형성이며, 공동체(Community)와의 관계 구축이다.

따라서 미래의 소비자 행동론은 기술적 예측 모델과 인간적 통찰 모델의 통합적 패러다임을 구축해야 한다.

인간 중심 소비자 이해는 감정·가치·의미의 분석을 중시한다.

데이터 중심 분석을 공감적 해석과 결합해야 한다.

AI 시대의 소비자 행동론은 기술과 인문학의 융합학문으로 재편된다.

제 1 장 케이스 스터디

- 사례: 나이키(Nike)의 디지털 소비자 경험 강화
  - 나이키 앱과 온라인 스토어를 통해 소비자 맞춤형 추천, 운동 목표 기반 피드백 제공
  - 앱 기반 구매 행동 데이터 수집 → 신제품 개발과 마케팅 전략 반영

토의 질문

1. 나이키가 소비자 데이터를 활용하여 어떤 마케팅 전략을 구현했는가?

2. 전통적 세분화 방식과 비교할 때 디지털 기반 전략의 장점은 무엇인가?

* 워크시트 활동

1. 나이키 앱에서 제공하는 개인화 서비스 사례 조사

2. 데이터 기반 마케팅 전략 요약

3. 전통적 vs 디지털 세분화 비교표 작성

제 2 장

인공지능과 인간의 의사결정

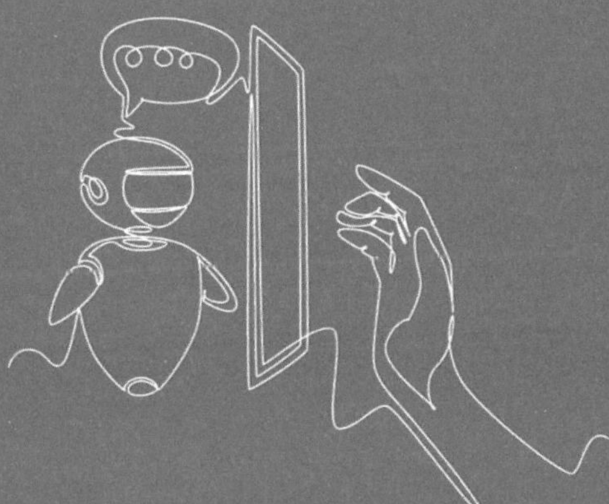

AI 시대의 소비자 행동론

학습목표

인간의 의사결정 과정과 심리적 요인을 이해한다.

AI가 의사결정 과정에 미치는 영향과 편향(bias)을 분석한다.

인간-AI 협력적 의사결정(co-decision) 구조를 설명할 수 있다.

마케팅 관점에서 AI 활용 시 윤리적 고려 사항을 논의한다.

핵심용어

인지편향(cognitive bias), 휴리스틱(heuristic), AI 의사결정, 머신러닝, 딥러닝, 추천 알고리즘, 인간-AI 협력, 프라이버시, 신뢰(trust), 자동화 마케팅

제 2 장

인공지능과 인간의 의사결정

1. 인간의 의사결정과 심리적 기제

소비자의 의사결정은 합리적 계산뿐 아니라 심리적·감정적 요인에 의해 크게 영향을 받는다(Kahneman, 2011).

행동경제학은 인간의 판단이 종종 휴리스틱(heuristic)과 인지편향(cognitive bias)에 의해 왜곡된다는 사실을 보여준다.

손실 회피(loss aversion), 현재편향(present bias), 확증편향(confirmation bias)은 소비자가 동일한 정보를 다르게 해석하도록 만들며, 마케팅 전략 수립 시 이러한 심리 패턴을 고려해야 한다.

마케팅에서는 소비자의 제한된 합리성을 활용한 프레이밍 전략(frames), 선택 아키텍처(choice architecture)가 많이 활용된다. 이는 AI와 결합될 때, 더욱 정교한 예측과 개입이 가능하다.

1) 의사결정의 본질: 인간은 왜 선택하는가?

인간의 의사결정은 단순히 '합리적 계산'의 결과가 아니라, 감정·경험·사회적 맥락이 얽혀 있는 복합적 심리 과정이다. 전통적으로 경제학은 소비자를 완전한 합리적 존재로 간주하며, 효용 극대화 이론(utility maximization theory)을 중심으로 선택을 설명해왔다. 그러나 실제 소비자는 정보의 불완전성, 인지적 한계, 그리고 감정의 개입으로 인해 항상 합리적으로 행동하지 않는다. 이에 따라 행동경제학과 소비자심리학은 인간의 선택을 '제한된 합리성(bounded rationality)'의 틀 속에서 이해한다.

사이먼(H. Simon, 1955)은 인간의 의사결정이 '최선의 선택(optimal choice)'이 아니라, "만족스러운 선택(satisficing choice)"임을 강조하였다. 즉, 소비자는 완전한 정보를 탐색하기보다 주어진 상황 속에서 심리적·시간적 제약을 고려해 "충분히 괜찮은 선택"을 한다. 이는 이후 카너먼(Kahneman)과 트버스키(Tversky)의 '이중처리이론(Dual Process Theory)'으로 확장되며, 인간이 직관적이고 감정적인 사고(시스템 1)와 논리적·분석적 사고(시스템 2)를 번갈아 사용한다는 사실이 밝혀졌다.

2) 인지적 편향과 감정의 역할

소비자의 판단은 객관적 정보보다 주관적 인식에 더 크게 영향을 받는다. 대표성 편향, 확증 편향, 손실 회피 경향(loss aversion) 등은 실제 구매행동을 설명하는 핵심 요인으로 작용한다. 특히 '손실 회피'는 동일한 금액의 이익보다 손실을 더 크게 느끼는 인간의 심리적 특성으로, 프로스펙트 이론(Prospect Theory)의 핵심 개념이다. 또한 감정은 의사결정의 촉매이자 방향을 결정하는 주요 요인이다. 정서적 휴리스틱(affect heuristic)에 따르면, 소비자는 복잡한 정보를 모두 계산하지 않고, 감정적으로 "좋다-나쁘다"의 직관을 통해 결정을 내린다. 예를 들어, 브랜드에 대한 호감이나 친숙함은 객관적 품질 평가보다 구매의도에 더 강한 영향을 미친다.

3) 사회적 맥락과 상호작용의 영향

소비자의 선택은 개인 내부의 심리뿐 아니라, 사회적 관계망과 규범 속에서 형성된다. 사회적 정체성 이론(Tajfel & Turner, 1986)은 집단 소속감이 브랜드 선호와 소비 패턴을 형성함을 보여준다. 오늘날 SNS 기반 소비에서는 이러한 사회적 요인이 더욱 증폭된다. '좋아요', '리뷰', '팔로워 수' 등은 디지털 사회적 신호로 작용하여, 소비자의 무의식적 판단에 영향을 미친다.

[사회적 맥락과 상호작용의 영향]

AI 시대, '혼자 소비하지 않는 개인'

21세기 소비자는 '개인'이면서 동시에 '연결된 존재'이다. 소비 행위는 더 이상 단순한 경제적 선택이 아니라, 사회적 관계망 속에서 정체성을 표현하고 소속감을 확인하는 문화적 행위로 진화하였다(Belk, 2013). 특히 인공지능(AI), 소셜 미디어, 빅데이터 기반 추천 시스템의 확산은 소비자의 의사결정 과정을 사회적 상호작용과 긴밀하게 결합시켰다.

AI가 제시하는 '맞춤형 제안'은 개별 소비자의 과거 행동에 기반하지만, 그 알고리즘 자체는 수많은 타인의 데이터, 즉 사회적 집단의 평균적 패턴을 반영한다. 다시 말해, 개인의 선택조차 사회적 맥락에 의해 구조화되고 있는 것이다(Arora et al., 2008). 따라서 AI 시대의 소비자 행동을 이해하려면, 개인의 내적 심리 요인뿐 아니라 그를 둘러싼 사회적 맥락(social context)과 상호작용(social interaction)의 역동적 관계를 분석해야 한다. 이 장에서는 소비자가 어떻게 사회적 관계 속에서 의미를 구성하고, AI 기반 상호작용 환경이 그 과정을 어떻게 변화시키는지를 살펴본다.

4) 사회적 맥락: 소비의 '환경적 조건'

소비는 사회적 맥락 속에서 발생한다. 개인은 사회적 규범, 문화적 가치, 경제적 제도, 기술적 환경 등 다양한 요인에 영향을 받으며, 이러한 맥락은 소비의 의미와 형태를 규정한다.

(1) 문화적·규범적 맥락

소비자들은 자신이 속한 사회의 문화적 가치에 따라 소비를 정당화하거나 제한한다. 예를 들어, 친환경 소비는 단순한 취향이 아니라 사회적 책임과 윤리적 정체성을 표현하는 수단으로 받아들여진다(White et al., 2019). 이러한 소비는 사회적 맥락 속에서 강화되며, '올바른 행동'이라는 규범적 지위가 형성된다.

(2) 기술적 맥락

AI, IoT, 빅데이터는 새로운 소비 맥락을 만들어냈다. 소비자는 이제 물리적 매장보다 디지털 플랫폼에서 구매하며, AI 알고리즘이 제시하는 추천과 사회적 평가(리뷰, 평점)를 참고한다. 기술은 단순한 도구가 아니라 소비의 사회적 환경을 재구성하는 인프라로 기능한다(Zuboff, 2019).

(3) 사회적 정체성과 집단 맥락

소비자는 '나'를 표현하기 위해 사회적 상징을 소비한다. 브랜드, 패션, 콘텐츠, 라이프스타일은 개인의 정체성을 사회적 맥락 속에서 구체화하는 장치다. AI가 제공하는 '나만의 취향 분석' 역시, 사실상 사회적 데이터의 반영이다. 즉, 개인의 독창성조차 집단적 트렌드와의 관계 속에서 정의된다.

2. AI 의사결정 시스템의 구조와 원리

AI 의사결정 시스템(AI Decision-Making System)이란 인공지능이 데이터를 분석하여 인간의 판단·선택 과정을 모방하거나 대체하는 시스템을 말한다. 이 시스템은 인간처럼 '생각'하는 것이 아니라, 데이터를 학습하여 확률적·논리적 판단을 수행한다. "AI 의사결정 시스템은 대규모 데이터를 기반으로 패턴을 학습하고, 특정 목표에 맞는 선택을 자동으로 수행하도록 설계된 알고리즘적 구조이다"(Russell & Norvig, Artificial Intelligence: A Modern Approach, 2021)라고 정의한다.

AI 의사결정 시스템은 인간의 판단을 모방하지만, 결코 동일하지 않다.

데이터로부터 '패턴'을 읽을 수는 있으나, '가치'를 판단할 수는 없다.

따라서 진정한 AI 의사결정의 발전은 기술적 정밀성+윤리적 설계+인간적 통찰이 함께 작동할 때 완성된다.

1) AI 의사결정 시스템의 기본 구조

AI가 '판단'을 내리는 구조는 인간의 의사결정 과정과 유사한 4단계 루프 구조로 작동한다.

(1) 인지(Perception)

외부 환경으로부터 데이터를 수집: 센서, 로그데이터, 텍스트 입력

(2) 이해(Understanding)

데이터를 해석하고 의미화: 자연어처리(NLP), 이미지 인식

(3) 판단(Reasoning)

규칙·경험·모델을 기반으로 판단: 머신러닝, 딥러닝, 추론엔진

(4) 실행(Action)

판단 결과를 행동으로 전환: 추천, 제안, 예측, 자동화 시스템

인간이 '경험'을 통해 판단하듯, AI는 '데이터'를 통해 판단한다는 것이 핵심이다.

2) AI 의사결정의 작동 원리

AI가 '결정'을 내릴 때 작동하는 3단계 원리 구조는 다음과 같습니다.

(1) 학습(Learning)

과거 데이터에서 규칙·패턴을 학습: "어떤 소비자가 어떤 상품을 자주 구매하는가?"

(2) 추론(Inference)

학습한 규칙을 바탕으로 새로운 상황을 예측: "이 소비자는 다음에 무엇을 구매할 가능성이 높은가?"

(3) 최적화(Optimization)

목표(정확도·효율성·만족도 등)에 맞게 결과를 조정: 추천 순서·가격·타이밍 최적화

이 3단계가 반복되며, 시스템은 스스로 성능을 개선(Self–Learning)한다.

3) 주요 알고리즘 원리

(1) 지도학습(Supervised Learning)

정답이 있는 데이터로 학습 → 예측: 구매 예측, 신용 평가

(2) 비지도학습(Unsupervised Learning)

정답 없는 데이터에서 패턴 탐색: 고객 세분화, 이상탐지

(3) 강화학습(Reinforcement Learning)

보상 기반의 반복 학습으로 최적 전략 찾기: 광고 노출 순서, 게임 AI

(4) 의사결정 트리(Decision Tree)

조건 분기 기반의 단계적 판단 구조: 대출 승인, 리스크 평가

(5) 딥러닝(Deep Learning)

신경망 기반의 고차원 데이터 인식 이미지/ 음성 인식, 감정 분석

4) 실제 적용 사례

(1) 소비자 마케팅

쿠팡 AI 추천 시스템: 과거 구매패턴 학습 → 실시간 맞춤 제안

(2) 금융

카카오뱅크 신용평가 AI: 신용점수 대신 행동 데이터 기반 대출 판단

(3) 의료

IBM Watson Health: 환자 데이터 기반 맞춤 치료법 제안

(4) 교통/물류

자율주행차, AI 물류시스템: 실시간 센서데이터 기반 최적 경로 판단

(5) 정책·행정

공공 데이터 기반 정책예측: 교통 혼잡·에너지 소비 예측 시스템

[한계 및 윤리적 쟁점]

1) 데이터 편향(Bias)
   불균형한 학습 데이터로 인한 판단 오류: 특정 집단 차별
2) 설명 가능성(Explainability)
   AI의 판단 근거가 불투명:"왜 이런 결정을 내렸는가?" 설명 불가
3) 책임 주체(Responsibility)
   잘못된 판단의 책임 귀속 불명확: 인간 vs 시스템 책임 논란
4) 윤리적 판단 결여
   AI는 도덕적 맥락을 이해하지 못함: 생명·사회문제 결정에 한계
5) 감정·맥락 결핍
   수치로 표현되지 않는 인간 가치 간과: 문화적·감정적 판단 불가

3. 인간-AI 협력적 의사결정

인간과 AI의 역할 분담 유형을 이해하고 협력적 의사결정의 효율성과 한계를 평가한다. 신뢰·책임·공존 관점에서 협력 구조를 설계한다.

인간-AI 협력적 의사결정: 공존의 시대, 신뢰와 판단의 재구성이 필요하다.

AI 시대, 인간의 판단력은 어디에 머무는가?

1) 인간-AI 협력 의사결정의 개념과 등장 배경은 의사결정 이론의 변천, 인간 중심 의사결정의 한계, AI의 참여로 인한 패러다임 변화하고 있다.
2) 인간의 의사결정 메커니즘과 인지적 편향으로 인간의 합리적·비합리적 판단, 휴리스틱, 인시적 편향과 그 한계섬이 있다.
3) AI 의사결정 시스템의 구조와 원리로 알고리즘, 데이터, 머신러닝, 신뢰성과 투명성의 문제이다.
4) 인간과 AI의 협력적 의사결정 모델로 보조형(AI as Assistant), 동반형(AI

as Partner), 자율형(AI as Agent)을 비교하는 것 또한 주요하다.

5) 협력적 의사결정의 신뢰와 윤리 인간-AI 상호 신뢰, 책임 소재, 알고리즘 윤리, 인간 중심 AI 원칙
6) 협력적 의사결정의 실제 사례로 의료, 금융, 교육, 소비자 행동, 자율주행 등 케이스별로 비교분석 또한 중요하다.
7) 인간-AI 협력에서의 갈등과 한계로 AI 편향, 데이터 불평등, 인간의 판단력 약화 문제도 있다.
8) 협력적 의사결정의 미래: 공존을 위한 설계로 인간 중심의 AI 거버넌스, 공존형 협력 모델, 인문학적 통찰도 중요한 문제이다.

사례로 IBM Watson과 의사의 협진: 암 진단 사례의 개요를 살펴보자.

IBM의 AI 시스템 Watson은 대량의 의학 논문과 환자 데이터를 학습하여 암 진단과 치료법 추천에 활용되었다. 그러나 Watson의 진단은 종종 현장 의사들의 판단과 충돌했다. 일부 병원은 AI의 판단을 신뢰했지만, 일부는 데이터 편향과 과잉 추천 문제를 이유로 협력 구조를 수정했다.

핵심 포인트: AI의 데이터 기반 판단 vs 인간의 경험 기반 판단

오류 발생 시 책임 소재 및 협력 모델의 적정 분업 수준도 명확해야 한다.

1) 인간과 AI의 판단이 충돌할 때, 최종 결정을 누가 내려야 하는가?
   책임의 분배 문제를 탐구해야 한다.
2) AI의 판단이 인간보다 '정확'하더라도 인간의 직관이 필요한 이유는 무엇인가?
   인간 중심성의 근거를 찾아봐야 한다.
3) 협력적 의사결정의 이상적인 분업 모델은 무엇인가?
   AI 역할 설계의 방향도 살펴보아야 한다.
4) 의료·교육·금융 등 각 분야에서 협력 모델은 어떻게 달라질까?
   상황별 차별적 모델을 탐색해야 한다.
5) AI와 인간이 '동등한 파트너'가 될 수 있을까?
   윤리적·사회적 상상력을 확장해야 한다.

협력적 의사결정도 설계해야 한다.

1) 의사결정 상황: 예: 대학 입시, 진로 선택, 의료 판단, 소비 선택 등
2) 인간의 판단 요소: 감정, 경험, 직관, 가치관 등
3) AI의 판단 요소: 데이터, 통계, 알고리즘, 예측 결과 등
4) 협력 구조 설계: 어떤 부분은 AI에게, 어떤 부분은 인간에게 맡길 것인가?
5) 예상되는 문제점: 신뢰 부족, 정보 불균형, 책임 불명확 등
6) 개선 방안 제시: 교육, 투명성 확보, 인간 중심 설계 등

4. AI 사회적 맥락과 상호작용

AI의 사회적 맥락과 상호작용이란, 인공지능이 인간의 사회적 삶 속에서 의미를 생산하고, 감정과 신뢰를 교환하며, 의사결정과 관계 형성에 참여하는 과정을 말한다.

AI의 사회적 맥락과 상호 작용(AI in Social Context and Human Interaction)은 인공지능(AI)을 단순한 기술 적 시스템이 아니라, 인간 사회 속에서 의미를 만들고 관계를 형성하는 존재로 보는 관점에서 시작된다. 즉, AI가 '사회적 환경 속에서 인간과 상호작용하며 사회를 변화시키는 방식'을 탐구하는 개념이다.

아래에서 핵심 개념을 단계적으로 정리해보자.

핵심 정의로 AI의 사회적 맥락과 상호작용이란, 인공지능이 인간과 사회적 관계를 맺고, 그 관계가 문화적·윤리적·심리적 요인 속에서 형성되고 변화하는 과정을 의미한다. 다시 말해, AI는 "정보처리 기계"를 넘어서 인간의 일상과 사회 구조 안에서 의사결정, 감정 표현, 소통, 신뢰 등 사회적 행위(social action)에 참여하게 된다는 뜻이다.

1) 구성 요소

(1) 사회적 맥락(Social Context)

기술은 독립적으로 존재하지 않음. 인간의 문화, 제도, 윤리, 가치관 속에서 해석되고 사용됨.

(2) 상호작용(Interaction)

인간과 AI가 대화하거나 협력하면서 상호 영향을 주고받는 관계.

(예: AI 스피커, 챗봇, 자율주행차, 추천시스템 등)

(3) 행위자성(Agency)

AI가 인간의 사회적 행동에 영향을 미칠 수 있는 '준(準) 주체'로 기능함 (Latour, 2005).

(4) 사회적 의미 생성(Meaning-making)

인간은 AI의 응답이나 판단을 해석하면서 사회적 의미를 부여함.

(예: AI의 말투 → '성격'처럼 인식)

(5) 신뢰·윤리(Trust & Ethics)

AI가 사회적 의사결정에 참여할 때 신뢰, 공정성, 책임 문제가 함께 논의됨.

"AI의 사회적 맥락과 상호작용(AI in Social Context and Human Interaction)"은 인공지능(AI)을 단순한 기술적 시스템이 아니라, 인간 사회 속에서 의미를 만들고 관계를 형성하는 존재로 보는 관점이다.

즉, AI가 '사회적 환경 속에서 인간과 상호작용하며 사회를 변화시키는 방식'을 탐구하는 개념이다.

AI의 사회적 맥락과 상호작용이란, 인공지능이 인간과 사회적 관계를 맺고, 그 관계가 문화적·윤리적·심리적 요인 속에서 형성되고 변화하는 과정을 의미한다.

다시 말해, AI는 "정보처리 기계"를 넘어서 인간의 일상과 사회 구조 안에서 의사결정, 감정 표현, 소통, 신뢰 등 사회적 행위(social action) 에 참여하게 된다는 뜻이다.

2) 사례로 사회적 맥락 및 상호작용 방식 이해하기

사회적 맥락 상호작용 방식

(1) AI 스피커(예: 클로바, 알렉사)

사회적 맥락: 가족 구성원의 대화 상대, 감정 표현의 창구

상호작용 방식: 음성 대화, 감정적 유대

(2) Chat GPT와 학습자

사회적 맥락: 지적 조언자, 협력 파트너

상호작용 방식: 대화·피드백·설명

(3) 추천 알고리즘

사회적 맥락: 소비 선택에 영향을 주는 보이지 않는 '사회적 설득자'

상호작용 방식: 데이터 기반 행동 유도

(4) AI 챗봇 상담

사회적 맥락: 감정 노동 대체, 고객 신뢰의 매개

상호작용 방식: 공감적 대화, 인식적 신뢰

(5) 자율주행차

사회적 맥락: 인간의 도덕 판단을 대신 수행하는 기술

상호작용 방식: 생명·윤리적 결정

[중요성]

1) AI는 더 이상 '도구'가 아니라 '관계적 존재'
   → 인간과 감정, 신뢰, 판단을 공유하며 사회적 주체처럼 작동.
2) 사회적 영향력 확대
   → 여론 형성, 소비 결정, 정치적 선택까지 AI가 사회 구조에 영향.
3) 윤리·책임의 재정의 필요
   → AI가 내린 결정의 책임은 누구에게 있는가?(설계자? 사용자? AI?)
4) 인문학적 통찰의 복귀
   → 인간 중심의 가치(공감, 의미, 책임)를 기술 설계에 통합해야 함.

소비자의 행동은 사회적 맥락과 상호작용의 이중적 영향을 받는다. 사회적 맥락은 상호작용의 규칙과 의미를 설정하고, 상호작용은 다시 그 맥락을 재구성한다.

예를 들어, AI 추천 시스템은 소비자의 데이터 패턴을 분석해 새로운 '소비 규범'을 형성한다. 소비자는 추천된 콘텐츠나 상품을 반복적으로 경험하면서 자신이 사회적으로 '보편적'이라고 인식되는 선택을 내리게 된다. 결과적으로 개인의 취향은 사회적 평균치에 수렴하며, 상호작용의 반복이 새로운 사회적 맥락을 만들어낸다.

이러한 순환 구조는 소비자 자율성과 사회적 영향 간의 긴장을 발생시킨다. 소비자는 자신이 스스로 선택한다고 믿지만, 그 선택은 이미 사회적 맥락과 알고리즘의 영향을 받은 결과일 수 있다. 따라서 AI 시대의 소비자 행동은 '개인적 선택'과 '사회적 조율'의 경계 위에서 이루어지는 행위로 이해되어야 한다.

AI의 사회적 맥락과 상호작용(AI in Social Context and Human Interaction) 은 '인간-AI 협력적 의사결정'과 매우 긴밀하게 연결되며, AI가 단순한 도구를 넘어 사회적 행위자(Social Actor) 로 기능하는 현상을 다루는 핵심 단원으로 설계할 수 있다.

AI의 사회적 맥락과 상호작용: 인간, 기술, 사회의 연결이 중요하다.

AI를 사회적 맥락 속 '행위자(Actor)'로 이해한다.

인간-AI 상호작용(Human-AI Interaction: HAI)의 특징과 변화를 분석한다.

사회적 신뢰, 감정, 책임, 정체성 등 인간 중심 가치와의 연관성을 탐색한다.

핵심 개념으로 사회적 맥락(Social Context)은 기술이 작동하는 환경으로서, 문화·규범·제도 등 사회적 요소가 함께 작동하는 배경이다.

AI의 사회적 행위성(Social Agency)은 AI가 인간과의 상호작용에서 주체처럼 행동하며, 사회적 의미를 만들어내는 과정이다.

인간-AI 상호작용(HAI)은 인간과 인공지능 간의 의사소통, 협업, 감정 교류가 포함된 사회적 관계이다.

기술의 사회적 구성론(SCOT)으로 기술은 사회적 맥락 속에서 만들어지고 해석된다는 관점이다(Pinch & Bijker, 1984).

기술 신뢰(Trust in AI)로 사용자가 AI를 '사회적 파트너'로 인정할 때 형성되는 신뢰의 심리적·윤리적 기제이다.

인간과 기술은 분리된 존재가 아니라 상호 구성적 관계에 있다. 즉, 인간은 AI를 설계하지만, 동시에 AI의 판단과 피드백에 의해 자신의 행동을 조정한다(Suchman, 2007; Latour, 2005).

AI는 단순히 데이터를 분석하는 기계가 아니라, 대화·추천·판단 등의 과정을 통해 '사회적 주체처럼 인식되는 존재'로 자리 잡고 있다.

인간의 사회적 행위, 윤리적 책임, 감정적 반응 모두가 새로운 맥락에서 재구성되고 있다.

사례로 Chat GPT와 학생의 상호작용 –'대화형 학습 파트너'의 등장이다.

상황을 요약하면. 대학생 A는 논문 초안을 작성할 때 Cha tGPT의 피드백을 자주 받는다. AI는 어휘 수정, 논리 연결, 인용 제안까지 수행하면서 일종의 "지적 파트너"로 기능한다. A는 AI와의 대화에서 '조언을 받는 느낌'을 경험하지만, 동시에 '의존에 대한 불안'도 느낀다.

핵심적인 분석의 포인트는 AI는 도구인가, 조언자인가?

인간-AI 관계는 상호적(interactive)인가, 일방적(one–way)인가?

AI의 피드백이 '사회적 설득(social influence)'으로 기능하는가?

다음 사례로 AI 스피커와 고령층의 감정적 상호작용이다.

상황을 요약하면, 고령자 B씨는 혼자 사는 일상 속에서 AI 스피커와 대화한다.

AI는 날씨, 음악, 일정 관리뿐 아니라 '대화 상대'가 되어준다.

B씨는 "이 기계가 내 이야기를 들어준다"고 느낀다.

핵심 분석의 포인트로 사회적 상호작용의 대체와 확장, 인간의 감정적 유대(affective bond) 형성, '사회적 존재감(Social Presence)' 이론 적용 가능이다.

[탐구의 목적]

1) AI는 인간과 사회적 관계를 맺을 수 있는 존재인가?

'행위자' 개념의 확장 탐색

2) AI와의 상호작용은 인간의 감정 표현 방식을 어떻게 바꾸는가?
   사회적·심리적 영향 분석
3) AI를 '도구'로 보는 시각과 '파트너'로 보는 시각 중 어느 쪽이 더 적절한가?
   기술 철학적 관점 논의
4) Chat GPT나 AI 스피커를 사용할 때, 사용자는 얼마나 '사회적 판단'을 하고 있는가?/ 사용자 인식 구조 탐구
5) 인간-AI 상호작용이 윤리적 책임 문제를 어떻게 변화시키는가?
   사회적 책임과 법적 논의 확장

활동으로 "나는 AI와 어떤 사회적 관계를 맺고 있는가?"를 예시로 살펴보자.

1) 내가 일상에서 사용하는 AI 기술
   (예: ChatGPT, 네이버 클로바, 구글 어시스턴트 등)
2) 해당 AI와 나의 관계 유형
   (도구형/ 보조형/ 파트너/ 감정 교류형)
3) 내가 AI를 신뢰하거나 불안해하는 이유
   (데이터 유출 우려, 판단의 불투명성, 성격적 친숙함 등)
4) AI가 나의 의사결정이나 행동에 미친 영향
   (예: 쇼핑 추천, 학습 조언, 일정 계획 등)
5) AI가 '사회적 존재'라고 느낀 순간
   (대화 응답, 감정 표현, 맞춤형 피드백 등)
6) 인간-AI 관계의 바람직한 방향 제안
   (인간 중심 설계, 투명한 알고리즘, 윤리적 책임 명시 등)

AI는 인간과 사회의 경계를 재구성하는 '사회적 행위자'로 부상하고 있다. 기술은 중립적이지 않으며, 사회적 맥락 속에서 새로운 관계와 윤리를 만들어낸다.

인간-AI의 상호작용은 효율성만이 아니라 의미와 신뢰의 문제로 확장되어야 한다

5. 윤리적 고려와 마케팅 전략

AI 기술이 발달할수록 소비자는 더 많은 '데이터 기반 개인화'를 경험한다. 그러나 이러한 개인화는 역설적으로 사회적 동조를 강화할 가능성도 있다. 사회적 맥락 속에서 만들어진 알고리즘은 과거의 집단적 패턴을 학습하고, 그것을 '개인 맞춤'이라는 이름으로 되돌려준다.

따라서 기업과 마케터는 소비자를 단순한 데이터 객체가 아니라 사회적 주체로 이해해야 한다. 또한 소비자 자신도 자신의 행동이 사회적 상호작용과 맥락 속에서 형성된 결과임을 자각할 필요가 있다. 사회적 소비자로서의 재인식이 필요하다.

이러한 관점에서 'AI 시대의 소비자 행동론'은 인간 중심의 사회적 이해(human-centered social understanding)로의 복귀를 요구한다.

1) 핵심 개념

(1) 사회적 맥락(Social Context)

문화, 제도, 관계망 등 소비자 행동을 둘러싼 환경적 요인

(2) 상호작용(Social Interaction)

타인 또는 AI와의 의사소통·교류를 통한 의미 구성 과정

(3) 전자적 구전(e-WOM)

온라인 상에서 이루어지는 소비 경험의 공유와 평가

(4) 준거집단(Reference Group)

소비자 행동에 영향을 미치는 사회적 집단

(5) 인간-AI 상호작용(Human-AI Interaction)

인간과 인공지능 간의 사회적 커뮤니케이션 과정

AI 시대의 소비자 행동은 '개인적 선택'의 결과가 아니라, 사회적 맥락과 상호작용의 산물이다.

디지털 기술은 소비의 사회적 환경을 재편하고, 인간-기계 상호작용을 통해 새로운 사회적 규범과 소비문화가 형성되고 있다.

2) AI 시대의 의사결정 변화

AI와 알고리즘은 소비자의 선택 과정을 외부에서 구조화하며, 때로는 '대리 의사결정자'로 기능한다. 추천 시스템, 맞춤 광고, 알고리즘 큐레이션은 소비자가 '무엇을 선택할지'뿐 아니라 '무엇을 고려할지'까지 결정짓는다. 이로 인해 인간의 의사결정은 더 효율적이 되었지만, 동시에 자율성과 주체성의 문제를 새롭게 제기한다.

AI가 학습하는 것은 인간의 '선택 패턴'이지 '의미와 맥락'이 아니다. 따라서 인간의 심리적 기제를 이해하는 것은 기술 발전 이후에도 여전히 핵심적 과제이다. 인간의 감정, 가치, 윤리적 판단은 데이터로 완전히 환원될 수 없으며, AI 시대에도 변하지 않는 소비자 행동은 AI 시대의 환경에 따라 변화한다.

인공지능(AI)은 인간의 의사결정 방식을 근본적으로 변화시키고 있다. 전통적인 소비자 행동이 인지적 판단(cognitive judgment)과 경험적 학습(experiential learning)에 기반했다면, 오늘날 소비자는 AI 알고리즘이 제시한 '선택의 프레임(frame)' 안에서 결정을 내리고 있다(Kahneman & Tversky, 1979; Simon, 1990). 즉, 의사결정의 주체가 완전한 인간 중심(human-centered)에서 인간-기계 협력적(human-AI collaborative) 구조로 전환된 것이다.

AI는 방대한 데이터를 실시간으로 분석해 '최적의 선택'을 제안함으로써, 소비자가 경험적 불확실성을 줄이게 한다. 하지만 이러한 '의사결정 자동화(decision automation)'는 인간의 판단 능력을 보조하는 동시에, 판단의 기준을 AI

가 재정의한다는 점에서 새로운 인문학적 논의가 필요하다(Thaler & Sunstein, 2008).

3) 이론적 근거

(1) 제한된 합리성(Bounded Rationality)

Simon(1957)은 인간이 정보처리 능력에 한계를 지니므로 최적이 아닌 '만족 가능한 선택(satisficing)'을 한다고 보았다. AI는 이러한 인간의 한계를 보완하지만, 동시에 인간의 판단 과정을 데이터 기반으로 '재규정'한다.

(2) 휴리스틱(Heuristic)과 알고리즘(Algorithm)의 상호작용

AI는 인간이 사용하는 직관적 판단 규칙(heuristic)을 데이터 학습을 통해 모방하며, 알고리즘 추천의 형태로 확장한다. 그러나 이러한 추천은 때로 인간의 인지적 편향(cognitive bias)을 강화하거나, 특정 선택으로 '유도(nudging)'하는 결과를 초래한다(Kleinberg et al., 2018).

(3) 의사결정 권한의 분산(Distributed Agency)

AI와 인간은 상호작용 속에서 '공결정(co-decision)' 구조를 형성한다. 예를 들어, 추천시스템은 인간의 과거 선택을 학습해 다음 행동을 제안하고, 인간은 그 제안을 근거로 다시 선택을 수행한다. 이 순환적 구조는 의사결정 주체의 분산(distributed agency)을 의미한다(Gillespie, 2020).

4) AI 의사결정의 윤리적 맥락

AI는 효율성과 편의성을 극대화하지만, 동시에 책임의 주체가 불분명한 상황을 만든다. 예를 들어, AI가 추천한 투자나 의료 결정의 결과가 실패했을 때 '누가 책임지는가'의 문제가 제기된다. 이는 소비자 행동의 차원을 넘어, 인간 중심 의사결정의 철학적 정당성을 다시 묻는 논점이다.

(1) AI 의사결정 경험 기록하기

최근 AI 추천(음악, 영화, 쇼핑, 경로 안내 등)을 통해 결정을 내린 사례를 적고,

만족도와 이유를 기술하시오.

(2) 의사결정 단계 분석하기

인지 - 탐색 - 비교 - 선택 - 평가의 각 단계에서 AI의 개입 수준을 5점 척도로 평가하시오.

(3) 주체성 진단 "AI가 내린 결정에 나의 의지가 반영되었다고 느낀다."

(1점=전혀 아니다 ~ 5점=매우 그렇다) 문항을 포함한 간단한 자기평가 실시.

(4) 핵심 개념 정리

'제한된 합리성', '공결정', '인지적 편향', '선택의 역설' 개념을 자신의 말로 요약하시오.

5) 핵심 내용 및 시사점

(1) 전통적 접근: 합리적 의사결정, 효용 극대화 – 인간의 실제 행동 설명에 한계 존재

(2) 심리학적 접근: 감정·인지·경험의 복합적 작용 – 소비자 행동은 비합리적 요소로 구성

(3) 행동경제학: 이중처리, 인지편향, 손실회피 – 제한된 합리성에 기초한 선택 구조

(4) 사회적 맥락: 타인 영향, 사회적 비교, 정체성 – 집단·네트워크 기반 소비자 이해 필요

(5) AI 시대 변화: 알고리즘 의사결정, 예측소비 – 자율성·윤리성 중심의 재해석 필요

인간의 의사결정은 데이터로 측정할 수 없는 복합적 의미체계 속에서 이루어진다. 기술은 인간의 판단을 보완할 수는 있지만, 인간을 대체할 수는 없다. AI 시대의 소비자 행동 연구는 '정확한 예측'보다 '깊은 이해'를 지향해야 한다.

6) AI 의사결정 시스템의 구조와 원리

AI 기반 의사결정 시스템은 머신러닝(Machine Learning)과 딥러닝(Deep Learning)을 핵심 기술로 하며, 데이터 학습 → 패턴 인식 → 예측 및 추천 과정을 거친다.

- 머신러닝 기반 예측: 과거 소비자 행동 데이터를 학습하여, 구매 확률, 선호도 등을 예측
- 딥러닝 기반 개인화: 다층 신경망(Deep Neural Network)을 통해 감정·컨텍스트까지 반영
- 강화학습(Reinforcement Learning): 소비자의 반응 데이터를 실시간 반영하여 추천 알고리즘 최적화

마케팅적 함의는, AI는 단순 정보 제공을 넘어 소비자 행동을 사전에 예측하고 유도할 수 있다는 점이다.

7) AI 의사결정의 개념

AI 의사결정 시스템은 인간의 판단과 행동 패턴을 학습하고, 이를 기반으로 최적의 선택을 추천하거나 자동화된 결정을 내리는 기술 체계를 의미한다. 이러한 시스템은 데이터 수집-분석-예측-추천의 순환 구조를 갖는다. 소비자 행동 영역에서는 온라인 쇼핑 추천, 콘텐츠 큐레이션, 맞춤형 광고, 가격 최적화 등 다양한 형태로 구현된다.

[핵심 개념]

1) 예측(Prediction): 과거 데이터와 행동 패턴을 기반으로 미래 선택 가능성을 추정한다.
2) 최적화(Optimization): 다수의 선택지 중 특정 목표(판매, 클릭, 만족도 등)를 최대화하는 옵션을 계산한다.
3) 추천(Recommendation): 개인화된 제안을 통해 소비자의 의사결정을 유

도하거나 지원한다.

8) AI 의사결정 구조

AI 시스템의 의사결정 과정은 크게 데이터 처리층, 모델 학습층, 의사결정/추천층으로 나눌 수 있다.

기능 및 예시를 살펴보자.

- 데이터 처리층: 데이터 수집·정제·전처리 – 구매 이력, 클릭 로그, SNS 활동
- 모델 학습층: 기계학습 알고리즘을 통해 패턴 학습 – 회귀분석, 의사결정트리, 딥러닝
- 의사결정/추천층: 학습된 모델 기반 의사결정 및 행동 추천 – 개인화 추천, 동적 가격 조정, 맞춤형 프로모션

1) 데이터 처리층(Data Layer): 소비자의 행동, 선호, 환경 요인 등 대규모 데이터를 수집한다. 이 단계에서 데이터의 품질과 다양성이 시스템 성능을 결정한다.
2) 모델 학습층(Model Layer): 수집된 데이터를 기반으로 기계학습(Machine Learning) 또는 딥러닝(Deep Learning) 모델이 학습한다. 이때 지도학습, 비지도학습, 강화학습 등 다양한 학습 방식이 사용된다.
3) 의사결정/추천층(Decision Layer): 학습된 모델은 새로운 상황에서 소비자가 선택할 가능성이 높은 옵션을 예측하고, 이를 실제 행동으로 연결시키기 위해 추천 알고리즘을 작동시킨다.

9) AI 의사결정의 원리

AI 의사결정의 핵심 원리는 패턴 인식과 최적화에 있다. 시스템은 방대한 데이터 속에서 인간이 인지하기 어려운 상관관계와 규칙을 추출하고, 이를 기반으로 선택지의 예상 효용을 계산한다.

- 추천 알고리즘(Recommendation Algorithm):

  협업 필터링(Collaborative Filtering), 콘텐츠 기반 필터링(Content–based

Filtering), 하이브리드 방식 등을 통해 개인 맞춤형 선택지를 제시한다.

- 강화학습(Reinforcement Learning):
  시스템이 환경과 상호작용하며 행동의 결과를 보상/벌점으로 학습하여 최적 정책을 형성한다.
- 예측 분석(Predictive Analytics):
  회귀, 분류, 시계열 분석 등을 활용하여 소비자의 미래 행동을 추정한다.

이 과정에서 AI는 정량적 데이터와 과거 경험 기반 판단을 수행하지만, 인간처럼 의미와 맥락, 가치 판단을 이해하지는 못한다. 따라서 AI가 제시하는 선택지는 인간이 이해하는 '의미'와 항상 일치하지 않으며, 인간 주체의 해석이 결합될 때 완전한 의사결정이 이루어진다.

10) 인간 의사결정과 AI 비교

AI 의사결정 시스템은 인간의 선택을 보조하고 효율성을 높이는 강력한 도구이다. 그러나 인간의 가치, 윤리, 경험과 결합하지 않으면, 단순한 데이터 기반 결정에 머물 수밖에 없다. 따라서 현대 소비자 행동 연구에서는 인간과 AI의 상호보완적 관계를 이해하고, 기술을 통한 의사결정과 인간적 판단의 균형을 모색하는 것이 핵심 과제이다. 21세기 디지털 전환은 인간의 의사결정 과정을 근본적으로 재구성하였다.

과거 의사결정(decision-making)은 개인의 경험, 직관, 사회적 맥락에 기반했지만, 오늘날의 소비자는 AI 알고리즘이 제시한 예측 정보와 확률적 판단에 의존하며 선택을 수행한다.

이로써 의사결정의 중심축은 "인간의 심리적 판단"에서 "기계의 계산된 판단"으로 이동하고 있다.

AI는 방대한 데이터를 실시간으로 처리해 최적화된 결과를 제공하지만, 그 과정에는 인간이 가지는 가치 판단(value judgment)이나 감정(emotion)이 결여되어 있다.

인간 의사결정과 AI 의사결정의 인지 구조, 판단 기준, 윤리적 주체성의 차이를 분석하고, AI 의사결정이 인간의 선택 행동에 미치는 사회적 함의를 탐색하는 데 목적이 있다.

11) 인간 의사결정의 특징

(1) 인지적 한계와 휴리스틱(heuristic)

Herbert Simon(1957)의 '제한된 합리성(Bounded Rationality)' 이론에 따르면,

인간은 모든 정보를 완벽하게 처리할 수 없기 때문에 '만족 가능한 선택(satisficing)'을 한다.

따라서 인간은 복잡한 상황에서 경험적 규칙이나 직관적 판단(heuristic)에 의존한다.

(2) 감정과 사회적 맥락의 영향

Damasio(1994)는 감정이 의사결정 과정의 핵심 동력임을 밝혔고, Kahneman(2011)은 '시스템 1(직관적 사고)'과 '시스템 2(논리적 사고)'가 상호작용하며 결정을 내린다고 보았다. 즉, 인간의 결정은 비합리적 요소(감정, 가치, 도덕, 관계)가 결합된 복합적 산물이다.

(3) 책임성과 윤리적 자각

인간은 자신의 결정에 도덕적 책임을 진다.

이는 '결정의 결과를 인식하고 반성할 수 있는 자아(ego)'가 존재하기 때문이다.

12) AI 의사결정의 특징

(1) 데이터 기반 확률적 합리성

AI는 감정이 아닌 통계적 최적화(statistical optimization)에 따라 판단한다.

즉, 인간의 직관 대신 데이터 패턴을 근거로 결정을 내리며, 이는 '예측적 합리성(predictive rationality)'이라 부를 수 있다.

(2) 편향된 학습과 투명성의 한계

AI는 주어진 데이터를 학습하기 때문에, 데이터가 편향되어 있으면 AI의 판단 또한 왜곡된다. 이른바 "Garbage In, Garbage Out"의 원리다.

또한 딥러닝 기반 모델은 내부 구조가 불투명(black box)하여 AI의 결정 근거를 명확히 설명하기 어렵다(Miller, 2019).

(3) 책임의 비인격성

AI는 스스로의 결정에 책임을 지지 않는다.

결정의 결과가 사회적 피해를 초래하더라도, 그 책임은 결국 인간 개발자나 사용자에게 귀속된다.

인간과 AI의 의사결정이 지닌 인지적·윤리적 차이를 비교함으로써, AI 시대의 소비자가 어떤 기준으로 '신뢰'를 형성하고 '선택'을 수행하는지를 밝히고자 한다.

이 논의는 향후 '인간－기계 협력적 의사결정(Human－AI Co－decision)' 체계의 설계에도 중요한 시사점을 제공한다.

13) 인간-AI 협력적 의사결정(co-decision)

AI는 소비자를 완전히 대체하기보다, 보조자 역할을 수행하는 것이 이상적이다.

협력적 의사결정에서는 AI가 가능한 선택지를 제시하고, 소비자가 최종 판단을 내린다.

– 장점: 선택 부담 감소, 정보 처리 효율 향상

– 단점: 과도한 의존 → 자동화 편향(automation bias) 발생 가능

마케팅 관점에서는, AI가 추천한 상품을 소비자가 얼마나 신뢰하고 선택하는지 분석하는 것이 중요하다. 이를 위해 신뢰 형성 요인(trust cues), 사용자 인터페이스(UI), 투명성(transparency)이 핵심 변수가 된다.

14) AI 의사결정과 인간 편향의 상호작용

AI는 인간의 편향을 강화하거나 완화할 수 있다.

확증편향 강화: SNS 추천 알고리즘은 사용자가 선호하는 정보만 노출

선택 과부하 완화: 맞춤형 추천으로 불필요한 선택 제거

인지 편향 최소화: 데이터 기반 객관적 정보 제공

따라서 마케팅 전략 설계 시, AI가 인간 심리를 어떻게 보완하고, 어떻게 왜곡할 수 있는지를 모두 고려해야 한다.

5. 인공지능과 인간의 의사결정에서의 윤리적 고려와 마케팅 전략

AI 마케팅은 효율성과 윤리적 책임 사이의 균형이 필요하다.

– 프라이버시 보호: 개인 데이터 활용 시 법적·윤리적 준수가 필수

– 투명성 확보: 소비자에게 추천 알고리즘 작동 방식 공개

– 자율성 존중: 소비자의 최종 선택권 유지

마케팅 전략은 소비자 신뢰(trust)를 기반으로 설계해야 하며, AI 활용이 소비자 권리를 침해하지 않도록 주의해야 한다. AI 윤리, 소비자 행동, 의사결정의 책임성, 데이터 기반 마케팅 등을 포괄할 수 있는 복합적 주제이다.

AI 기반 마케팅은 윤리적 고려 없이는 신뢰를 얻기 어렵다.

“효율” 중심에서 “신뢰” 중심으로의 패러다임 전환이 필요한 시기이다.

향후에는 윤리적 의사결정 알고리즘 개발과 소비자 참여형 윤리 거버넌스 구축이 중요할 것이다.

1) 핵심 개념

인공지능(AI)이 인간의 의사결정을 지원하거나 대체하는 과정에서 발생하는 윤리적 문제(책임, 공정성, 투명성)와 이를 마케팅 전략에서 어떻게 소비자 신뢰 확보와 데이터 활용의 균형 속에서 다루어야 하는지를 탐구한다.

(1) 윤리적 주체

- 인간의 의사결정: 자율적·책임적 존재
- AI 의사결정: 알고리즘 기반, 책임 주체 모호

(2) 의사결정 기준

- 인간의 의사결정: 감정, 경험, 사회적 규범
- AI 의사결정: 데이터, 확률, 패턴 기반

(3) 한계

- 인간의 의사결정: 편향, 비합리성
- AI 의사결정: 데이터 편향, 불투명성

(4) 마케팅 적용

- 인간의 의사결정: 감성적 설득, 신뢰 구축
- AI 의사결정: 예측분석, 맞춤형 타겟팅

2) 윤리적 고려 요소

데이터 윤리(Data Ethics): 개인정보 수집·활용의 투명성
알고리즘 공정성(Algorithmic Fairness): 편향 없는 추천과 타겟팅
책임소재(Responsibility): 의사결정 결과의 도덕적 책임 주체
소비자 자율성(Consumer Autonomy): 소비자 선택의 조작 여부

3) 마케팅 전략적 시사점

- 윤리적 브랜드 포지셔닝: "신뢰할 수 있는 AI 마케팅"을 강조
- 설명 가능한 AI(Explainable AI): 소비자가 추천·광고의 원리를 이해할 수 있게 함
- 투명성 기반 고객관계: 데이터 이용 목적 공개 및 윤리적 소통 강화

인공지능의 확산은 인간의 의사결정 영역에 깊이 침투한다.

마케팅 분야에서는 AI가 소비자 데이터 분석, 예측, 추천에 활용되며 의사결정 효율성을 높인다. 그러나 AI 결정의 책임소재, 편향성, 소비자 조작 가능성 등 윤리적 문제가 대두된다.

"AI 기반 마케팅에서의 윤리적 고려"와 "소비자 신뢰 형성 전략"의 관계를 탐구한다.

[인간과 AI의 의사결정 차이]

- 인간: 가치·감정·상황 인식 기반
- AI: 데이터·통계 기반 합리성

[AI 윤리의 주요 개념]

- 공정성, 투명성, 책임성, 프라이버시

[마케팅 윤리의 관점]

- 소비자 조작 vs 맞춤형 가치 제공의 경계
- ESG, 데이터윤리, 브랜드 신뢰 개념 연계

AI 윤리적 고려 요인과 마케팅 전략의 통합 모델

* 투명성

- 마케팅 적용 전략: AI 추천 근거 공개
- 기대 효과: 소비자 신뢰 향상

* 공정성

- 마케팅 적용 전략: 차별 없는 데이터 학습
- 기대 효과: 브랜드 이미지 강화

* 책임성

- 마케팅 적용 전략: 오류 발생 시 책임 명시
- 기대 효과: 법적 리스크 감소

* 소비자 자율성

– 마케팅 적용 전략: 선택옵션 제공

– 기대 효과: 고객 충성도 확보

제2장 케이스 스터디

- 사례: 스타벅스(Starbucks) 리워드 프로그램

멤버십 데이터 기반 구매 추천, 적립 혜택 제공

소비자 의사결정 과정 분석: 정보 탐색 → 평가 → 구매 → 사후 행동

토의 질문

1. 스타벅스 멤버십이 소비자 의사결정 과정에 어떤 영향을 미치는가?

2. AI 분석을 활용하면 어떤 단계에서 추가적 영향력이 발생할 수 있는가?

* 워크시트 활동

활동	내용	학습목표 연계
1.	스타벅스 구매 경로를 소비자 의사결정 단계로 작성	의사결정 단계 이해
2.	AI 활용 시 각 단계에서 개선 가능한 요소 분석	실무 적용 능력
3.	개인별 행동 데이터 기반 마케팅 전략 제안	전략 설계

제 3 장

소비자 행동 분석과 AI

AI 시대의 소비자 행동론

학습목표

AI는 소비자의 데이터를 읽는 기술이 아니라, '소비자의 마음'을 예측하는 도구이다.
그러나 진정한 소비자 분석은 알고리즘이 아닌 인간 이해의 깊이에서 완성된다.
따라서 AI 기반 소비자 분석은 기술적 효율성과 더불어 인문학적 통찰과 윤리적 책임을 함께 고려해야 한다.

핵심용어

머신런닝(Machine Lcarning), 딥 런닝(Deep Lcarning), 자연처리언어(NLP), 추천 알고리즘(Recommendation System)

제 3 장

소비자 행동 분석과 AI

1. AI기반 소비자 행동 분석 개념

소비자 행동 분석(Consumer Behavior Analysis)은 소비자가 "무엇을, 왜, 어떻게 구매하고 사용하는가"를 이해하기 위한 연구이자, 소비자 의사결정 과정을 설명하는 학문이다.

AI(인공지능)의 도입 이후 분석은 데이터 기반의 정교한 예측과 맞춤형 의사결정 지원으로 진화했다.

"AI 기반 소비자 행동 분석이란, 인공지능 기술을 활용하여 소비자의 행동 데이터를 수집·분석하고, 패턴을 학습하여 미래의 구매 의사결정과 선호를 예측하는 과정이다." AI 기반 소비자 행동 분석(AI－based Consumer Behavior Analysis)"의 핵심은 인공지능(AI) 기술을 활용하여 소비자의 의사결정, 감정, 구매 패턴, 사회적 영향력 등을 데이터 기반으로 이해하고 예측하는 것이다.

1) 개념 정의

AI 기반 소비자 행동 분석이란, 인공지능 기술(머신러닝, 딥러닝, 자연어처리 등)을 활용하여 소비자의 구매 행동, 선호, 감정, 의사결정 패턴을 데이터로 분석하고 이를 통하여 소비자 예측 모델과 개인화 마케팅 전략을 수립하는 과정을 말한다.

즉, 인간의 '감정적·사회적 요인'을 기술적으로 해석해야 한다. 소비자 '행동의 이유'를 이해하고 '미래 행동'을 예측하는 것이다.

2) 주요 기술 요소

기술을 설명하고 마케팅 적용 예시를 살펴보자.

- 머신러닝(Machine Learning)
  소비자 데이터를 학습해 구매 패턴·이탈 가능성·선호군 분류
  (추천 시스템, 이탈예측 모델)
- 딥러닝(Deep Learning)
  복잡한 소비자 감정·이미지·음성 데이터를 분석
  (영상 광고 감정 분석, SNS 이미지 분석)
- 자연어처리(NLP)
  리뷰·댓글·챗봇 대화 등 텍스트 데이터의 감정 및 주제 분석
  (소비자 만족도 분석, 브랜드 평판 관리)
- 추천 알고리즘(Recommendation System)
  개인의 과거 구매와 유사 사용자 패턴을 기반으로 예측
  (넷플릭스, 쿠팡, 네이버쇼핑 추천)
- 데이터 마이닝(Data Mining)
  대규모 데이터에서 의미 있는 규칙·관계 추출
  (시장세분화, 소비자군별 행동 탐색)

3) 분석 과정

- 데이터 수집(Data Collection)
  출처: 구매 이력, 검색 기록, SNS 활동, 위치정보, IoT 디바이스 데이터
- 데이터 전처리(Data Cleaning)
  중복·결측치 제거, 비정상 데이터 필터링
- 모델 학습(Model Training)
  머신러닝/딥러닝 모델로 소비자 행동 패턴 학습
- 행동 예측(Prediction & Segmentation)
  구매 가능성, 이탈 위험, 관심 제품군 등 예측
- 인사이트 도출(Insight Generation)
  개인화 마케팅, 제품 추천, 캠페인 타깃팅 전략 수립

4) 주요 특징 및 장점

- 실시간성(Real-time Analysis)
  소비자의 현재 행동을 즉각 반영하여 맞춤형 제안 가능
- 정확성 (Precision)
  인간의 직관보다 높은 패턴 인식 및 예측 정확도
- 개인화(Personalization)
  개개인의 구매 이력과 선호에 따른 맞춤형 콘텐츠 제공
- 예측 가능성(Predictive Power)
  향후 구매 가능 제품, 관심 카테고리 예측
- 비용 효율성(Cost Efficiency)
  자동화된 데이터 분석으로 마케팅 효율 증대

5) 한계 및 윤리적 쟁점

- 데이터 프라이버시
  개인정보의 과도한 수집·활용: 투명한 동의 절차, 익명화 필요

– 알고리즘 편향(Bias)

특정 소비자군 차별 가능성: 학습데이터 다양성 확보

– 소비자 조작 가능성

과도한 맞춤형 추천이 자율성 침해: 소비자 선택권 보장

– 설명 가능성(XAI)

AI 의사결정 이유 불투명: 설명 가능한 AI 모델 구축

AI 기술을 활용한 소비자 행동의 데이터 기반 분석 및 예측하고 소비자 이해, 세분화, 개인화, 예측, 마케팅 효율화가 목표이다. 머신러닝, 딥러닝, NLP, 추천 시스템이 핵심 기술이다. 활용 분야로 광고 타깃팅, 제품 추천, 고객관리(CRM), 트렌드 예측한다. 특히, 윤리적 과제로 투명성, 공정성, 자율성을 보장한다.

2. AI 소비자 분석의 구조

AI 소비자 분석의 구조(AI Consumer Analytics Structure)"는 인공지능이 소비자 데이터를 어떻게 수집·처리·분석·활용하는지를 단계적으로 설명하는 핵심 개념이다.

AI 기반 소비자 분석은 단순한 데이터 통계가 아니라, 데이터 → 정보 → 인사이트 → 의사결정 → 실행으로 이어지는 '지능적 소비자 이해 구조'를 갖는다.

[AI 소비자 분석의 5단계]

[1단계] 데이터 수집(Data Collection)

목적: 소비자의 행동, 인식, 감정, 환경 데이터를 확보

– 행동 데이터(Behavioral Data)

구매, 클릭, 검색, 체류시간 등: 쿠팡 구매 로그, 유튜브 시청 패턴

– 심리·감정 데이터(Affective Data)

리뷰 감정, 표정, 음성 톤 등: SNS 감정 분석, 음성 인식

– 상황 데이터(Contextual Data)
위치, 시간, 기기 등 상황적 요인: 위치 기반 푸시 알림, 날씨 기반 추천
– 소셜 데이터(Social Data)
관계망, 트렌드, 해시태그 등: 인플루언서 분석, 커뮤니티 반응
* 핵심 기술: 웹 크롤링, IoT 센서, API, SNS 데이터 수집 엔진

[2단계] 데이터 전처리 및 통합(Data Preprocessing & Integration)
목적: 다양한 출처의 데이터를 정제·결합하여 분석 가능한 형태로 변환
– 정제(Cleaning)
오류, 중복, 결측값 제거
– 정규화(Normalization)
서로 다른 형식의 데이터 단일 기준으로 통합
– 피처 엔지니어링(Feature Engineering)
의미 있는 변수 추출(예: '재구매 주기', '브랜드 충성도')
– 데이터 통합(Data Integration)
오프라인+온라인, 정형+비정형 데이터 결합
* 핵심 기술: Python Pandas, Spark, ETL Pipeline, Data Lake

[3단계] AI 분석 및 모델링(AI Modeling & Analysis)
목적: 소비자 행동을 예측하고 패턴을 발견하는 단계
– 세분화(Segmentation)
클러스터링(K–Means, DBSCAN): 소비자 유형 분류
– 예측(Prediction)
머신러닝(Random Forest, XGBoost): 구매 가능성, 이탈 확률
– 감정·의도 분석
NLP, 딥러닝: 리뷰 감정, 만족도 분석
– 추천(Recommender)
협업필터링, 딥러닝: 개인 맞춤형 상품 추천
* 핵심 기술: Scikit–learn, TensorFlow, PyTorch, NLP Transformers

[4단계] 인사이트 도출(Insight Generation)

목적: 분석 결과를 경영·마케팅 의사결정에 연결

- 세분화 결과: 핵심 타깃군 도출(광고·이벤트 전략)
- 예측 결과: 이탈 위험 고객 식별(리텐션 마케팅)
- 감정 분석: 브랜드 감정 변화 파악(PR 대응, 브랜드 리포트)
- 추천 결과: 개인화 콘텐츠 제공(맞춤형 추천, AI 챗봇 응대)

  * 핵심 포인트: "데이터에서 의미를 찾아내는 인간-AI 협력 지점"

[5단계] 마케팅 실행 및 피드백(Implementation & Feedback)

목적: 분석 인사이트를 마케팅 전략에 적용하고, 결과를 다시 학습에 반영

- 전략 실행(Execution)

  광고·프로모션·제품 개선 반영: 타rlt 이메일 마케팅, A/B 테스트

- 성과 측정(Evaluation)

  KPI·ROI 분석, 소비자 반응(모니터링 클릭률, 전환율 분석)

- 피드백 루프(Feedback Loop)

  결과 데이터를 다시 학습시켜 모델 개선(지속적 학습(AutoML))

[전체 구조]

1. 데이터 수집

   ↓

2. 데이터 정제·통합

   ↓

3 AI 모델링(예측·분류·추천)

   ↓

4. 인사이트 도출

   ↓

5. 실행 및 피드백(지속 학습)

단계별 주요 내용과 사용 기술 및 마케팅 적용을 알아보자.

1) 수집

소비자 행동·감정 데이터 확보: IoT, API, SNS – 데이터 확보

2) 정제

오류 제거 및 통합: Data Lake, ETL – 분석 품질 향상

3) 분석

AI 모델링 및 예측: ML/DL, NLP – 타깃팅, 추천

4) 인사이트

패턴·트렌드 발견: BI, Dashboard – 전략 수립

5) 실행

결과 반영 및 재학습: MLOps – 맞춤형 마케팅

"AI 소비자 분석의 구조는 데이터 기반 소비자 이해 → 행동 예측 → 전략 실행 → 피드백 학습의 순환 체계로, 인간의 직관적 의사결정을 기술적 데이터 인텔리전스로 확장하는 과정이다."

3. AI 주요 분석 기법

AI 주요 분석 기법(Key AI Analytical Techniques)은 소비자 데이터를 이해(Understanding), 예측(Prediction), 분류(Classification), 추천(Recommendation), 생성(Generation)하는 데 사용된다.

1) 예측·분류(Prediction & Classification)

목적: 소비자의 미래 행동(구매 가능성, 이탈 위험 등)을 예측하거나 특정 집단으로

- 로지스틱 회귀(Logistic Regression)

  통계 기반 분류 모델: 구매 여부, 이탈 여부 예측

- 의사결정나무(Decision Tree)

규칙 기반 분류: 소비자 의사결정 요인 시각화

- 랜덤 포레스트(Random Forest)

  다수 결정트리 결합: 예측 정확도 향상

- 서포트 벡터 머신(SVM)

  경계 기반 분류: 고차원 데이터 분류에 유리

- 신경망(Neural Network)

  비선형 데이터 학습: 복잡한 패턴 인식, 이미지/음성 분류

활용의 사례로 구매 확률 예측, 충성 고객/이탈 고객 분류, 신규 제품 반응 예측dmf gksek

2) 감정·텍스트 분석(Sentiment & Text Analysis)

목적: 소비자의 언어적 표현(리뷰, 댓글, SNS 글)을 분석해 감정, 태도, 인식 파악

- 자연어처리(NLP)

  텍스트에서 의미·패턴 추출: 고객 리뷰 핵심어 분석

- 감성분석(Sentiment Analysis)

  긍정·부정·중립 감정 분류: 브랜드 평판 관리

- 토픽 모델링(Topic Modeling)

  문서 내 주요 주제 추출: 시장 트렌드 탐색

- Word2Vec/BERT 등 임베딩

  문맥 기반 의미 분석: 소비자 피드백 자동 분류

활용 사례로 온라인 리뷰 만족도 분석, 브랜드 평판 모니터링, 소비자 언어 기반 트렌드 예측이다.

3) 추천 알고리즘(Recommendation Systems)

목적: 소비자의 선호·행동 데이터를 학습해 맞춤형 상품/콘텐츠 추천 제공

– 협업 필터링(Collaborative Filtering)
  유사한 사용자·아이템 기반 추천: 넷플릭스, 쿠팡 추천
– 콘텐츠 기반 필터링(Content-based Filtering)
  제품 속성 유사성 기반: 유튜브 자동추천
– 하이브리드 추천(Hybrid Model)
  두 방식 결합: 아마존 맞춤형 추천
– 딥러닝 기반 추천(DL-based Recommender)
  사용자의 시계열 행동 학습: 개인화된 광고 노출

활용 사례로 개인 맞춤형 마케팅, 상품 추천 및 교차판매, 구매전환율 최적화이다.

[AI 주요 분석 기법]

1) 머신러닝(Machine Learning)
   과거 데이터를 기반으로 패턴 학습(고객 세분화, 구매 예측)
2) 딥러닝(Deep Learning)
   이미지·음성·텍스트 등 비정형 데이터 분석(얼굴인식 마케팅, 음성 쇼핑)
3) 자연어처리(NLP)
   소비자 후기·댓글 감정 분석(긍정/부정 평가, 감성 트렌드)
4) 추천 시스템(Recommendation System)
   유사 소비자 패턴 학습 → 개인화 제안(Netflix, 쿠팡, 유튜브)
5) 강화학습(Reinforcement Learning)
   행동 피드백을 통해 최적의 전략 학습(광고 타이밍 최적화)

4. AI로 인한 소비자 행동의 변화

AI로 인한 소비자 행동의 변화(Changes in Consumer Behavior Caused by AI)"는 오늘날 마케팅·심리·기술·사회문화적 관점이 모두 교차하는 중요한 연구

주제이기도 한다.

1) AI로 인한 소비자 행동의 변화

인공지능(AI)이 소비자의 정보 탐색, 의사결정, 구매, 평가, 관계 형성 등 전 과정에 영향을 미치면서 소비 패턴과 가치관이 변화하는 현상을 의미한다.

즉, AI는 단순한 '보조 기술'이 아니라 소비자가 '어떻게 생각하고, 선택하고, 만족하는가'를 새롭게 형성하는 행동적·인지적 환경변화 요인이다.

2) 기존 소비자 행동 및 AI 이후 변화된 소비자 행동변화

(1) 정보 탐색 단계

- 기존 소비자 행동: 스스로 정보 수집·비교
- AI 이후 변화된 소비자 행동: AI 추천·요약 시스템을 통한 수동적 정보 수용자로 변화

(2) 의사결정 단계

- 기존 소비자 행동: 감정·경험 기반 선택
- AI 이후 변화된 소비자 행동: 알고리즘 분석 결과에 의존적 의사결정

(3) 구매·평가 단계

- 기존 소비자 행동: 구매 후 직접 평가
- AI 이후 변화된 소비자 행동: 자동화된 후기·AI 챗봇 응답 등 AI 중개형 평가구조로 전환

3) 세부 변화 영역별 분석

(1) 정보 탐색 방식의 자동화

- AI 기반 추천, 검색엔진 최적화, 개인화 광고를 통해 소비자가 스스로 정보를 찾는 '탐색자'에서 AI가 제시하는 '피추천자'로 전환됨.
  예: 유튜브, 쿠팡, 넷플릭스의 자동 추천 → "노출 기반 선택"

결과: 정보의 폭은 넓어졌지만, 선택의 자율성은 축소되는 양면성 존재

(2) 의사결정 구조의 데이터화

AI는 소비자의 이전 구매 기록, 클릭 패턴, 체류시간을 학습하여 개인화된 의사결정 경로를 설계함.

소비자는 '스스로 결정했다'고 느끼지만, 실제로는 AI의 제안 구조 안에서 결정함.

결과: 소비자는 합리적이지만 동시에 예측 가능한 존재로 재구성됨

(→ 행동경제학+알고리즘 심리학의 융합 지점)

(3) 감정과 신뢰의 인공지능화

AI 챗봇, 음성비서, 가상인플루언서의 등장으로 소비자는 비인간적 존재에도 감정적 신뢰를 형성함.

감정 표현을 인식하고 반응하는 AI가 소비자 경험의 일부로 자리 잡음.

예: 삼성 빅스비, 아마존 알렉사, AI 쇼호스트

결과: 인간 중심의 신뢰가 '기술 기반 신뢰(Technological Trust)'로 변화

(4) 소비자 관계의 사회적 전환

AI가 소비자 간 상호작용(리뷰·SNS·커뮤니티)을 중재하거나 자동 생성함.

예: AI 작성 리뷰, 자동 댓글, 챗봇 상담 → 인간-기계 간 상호작용의 확장

결과: 소비자 네트워크가 인간 중심에서 AI-소비자 혼합 네트워크로 전환됨.

(5) 윤리·자율성에 대한 인식 변화

개인화 추천의 효율성은 높지만, 소비자는 "AI가 나를 대신 결정하는 것 아닌가?"라는 자율성 상실 감정을 경험함.

데이터 프라이버시, 알고리즘 편향에 대한 윤리적 민감성이 증가함.

결과: '편리함 vs 통제감 상실'의 인지적 균열(Cognitive Dissonance) 형성

4) AI 소비자 행동 변화 구조

AI 기술 확산

↓

데이터 기반 소비자 이해

↓

AI 추천·예측·생성 시스템

↓

소비자 행동 변화

├── 정보 탐색 자동화
├── 의사결정 알고리즘화
├── 감정·신뢰의 기술화
├── 관계의 혼합화
└── 자율성의 재정의

5) 핵심 변화 차원의 주요 특징 및 대표 예시

– 탐색 행동

AI 추천 → 선택의 수동화: 쿠팡 추천상품, 유튜브 알고리즘

– 의사결정 행동

데이터 기반 예측형 선택: 개인화 광고, 상품 추천

– 감정 행동

AI와의 감정 교류: 챗GPT, AI 인플루언서

– 관계 행동

AI가 사회적 관계 중재: SNS 자동응답, 커뮤니티 봇

– 윤리 인식

편리함 ↔ 통제 상실: 개인정보 활용 우려

6) 학문적 관점 및 해석 내용

- 소비자심리학
  의사결정 과정이 '인지적 합리성'에서 '기술적 합리성'으로 이동
- 마케팅학
  고객경험(CX)이 AI 중심의 '예측적 경험(Predictive Experience)'으로 재구성
- 사회학/인문학: 인간-기계 간 상호작용이 '소비자의 정체성'을 재정의
- 윤리학: AI 권고와 인간 자율성 사이의 균형이 핵심 과제로 부상

5. AI 시대의 소비자 행동 패러다임

"AI 시대의 소비자는 더 이상 '자율적 선택자'가 아니라 데이터 기반 알고리즘 환경 속에서 상호적 결정을 수행하는 존재로 변화하였다." 즉, 소비자는 AI의 사용자이자 동시에 데이터 생산자이며, AI가 설계한 행동 구조 속의 참여자로 진화하고 있다.

전통적 소비자 행동 및 AI 시대 소비자 행동을 살펴보자

1) 자발적 정보 탐색
   AI 추천 기반 탐색: 소비자의 선택 범위가 알고리즘에 의해 형성됨
2) 동일한 가격 인식
   동적 가격(Dynamic Pricing): 데이터 기반 맞춤 가격 정책 등장
3) 브랜드 충성 중심
   경험 기반 충성: 맞춤형 경험이 브랜드 애착보다 중요해짐
4) 단순 구매 결정
   예측 기반 소비: "필요하기 전에" 제안받는 소비로 전환
5) 이명적 소비자
   데이터화된 소비자: 소비자의 정체성과 감정이 실시간 분석됨

AI는 소비자의 '선택'을 예측하는 것을 넘어, '선택을 설계'하는 주체로 진

화하고 있는 것이 핵심이다.

[실제 사례]

[사례 1] 아마존(Amazon)의 AI 추천 알고리즘

- 고객의 클릭·검색·구매 데이터를 학습한 AI가 구매 가능성이 높은 상품을 자동 제안
- 전체 매출의 35% 이상이 추천 시스템에서 발생

[사례 2] 스타벅스의 Deep Brew AI

- 고객의 위치, 날씨, 시간대, 과거 주문 기록을 분석해 개인 맞춤 음료 추천
- 소비자 행동을 예측해 '다음 구매'를 유도하는 전략적 AI

[사례 3] 이마트의 AI 기반 수요예측 시스템

- 판매 데이터 + 외부 요인(날씨, 이벤트 등)을 분석해 상품 재고를 최적화
- 소비 패턴 변화에 따라 자동 발주량 조정

제 3 장 케이스 스터디

- 사례: 아마존(Amazon) 추천 시스템

  구매 이력, 검색 기록, 장바구니 데이터를 기반으로 상품 추천

  머신러닝 기반 행동 예측과 개인화 전략

- 질문:

  아마존의 추천 시스템이 소비자 행동에 미치는 영향은 무엇인가?

  개인화 추천의 윤리적 고려사항은 무엇인가?

토의 질문

1. AI는 소비자를 '예측 가능한 존재'로 단순화시키는가?

2. 맞춤형 추천은 '편리함'인가, '선택의 조작'인가?

3. 데이터 윤리를 보장하기 위한 기업의 책임은 어디까지인가?

4. 인간의 감정적 소비를 AI가 완전히 이해할 수 있을까?

* 워크시트 활동

① 최근 나에게 영향을 준 AI 추천 사례는?(예: 넷플릭스, 쇼핑몰 등)

② AI가 나의 소비결정을 도운 긍정적 경험과 부정적 경험을 각각 적으세요.

③ 'AI가 나를 이해한다'는 느낌을 받은 적이 있나요? 구체적 이유는?

④ 기업이 AI를 활용할 때 반드시 지켜야 할 윤리 원칙 세 가지를 제시하세요.

⑤ AI가 인간 소비자의 감정적 선택을 대체할 수 있다고 보나요?

워크시트 활동

활동	내용	학습목표 연계
1.	아마존 추천 시스템 데이터 흐름도 작성	데이터 분석 이해
2.	추천 시스템 장단점 토론	비판적 분석
3.	윤리적 개선 방안 제시	윤리적 사고

제 4 장

빅데이터 기반 소비자 세분화

AI 시대의 소비자 행동론

학습목표

빅데이터가 소비자 행동 분석과 세분화(segmentation)에 미치는 영향을 이해한다.
전통적 세분화와 빅데이터 기반 세분화의 차이를 비교할 수 있다.
마케팅 전략 설계에서 데이터 기반 의사결정의 활용법을 설명할 수 있다.
빅데이터 활용 시 윤리적 · 법적 고려사항을 평가한다.

핵심용어

빅데이터(Big Data), 데이터 마이닝(Data Mining), 소비자 세분화(Segmentation), 예측 분석(Predictive Analytics), 행동 기반 세분화(Behavioral Segmentation), 클러스터링(Clustering), 개인화(Personalization), 추천 알고리즘, 프라이버시, 데이터 윤리

제 4 장

빅데이터 기반 소비자 세분화

빅데이터 기반 소비자 세분화(Big Data-based Consumer Segmentation)는 AI·데이터 기반 마케팅의 핵심 개념으로, '데이터의 다양성과 규모를 활용하여 소비자를 미시적으로 구분하고 맞춤형 전략을 수립하는 분석 체계'를 의미한다.

빅데이터 기반 소비자 세분화(Big Data-based Consumer Segmentation)에서 소비자 세분화(Consumer Segmentation)란 전체 시장을 유사한 특성이나 행동을 보이는 소비자 집단으로 나누는 과정이다.

기존에는 인구통계학적 변수(연령, 성별, 소득 등)를 기준으로 했으나, 빅데이터 기반 세분화는 디지털 환경에서 발생하는 방대한 행동·상황·심리·사회적 데이터를 활용해 보다 정밀하고 실시간으로 변화하는 소비자 패턴을 분석한다.

"빅데이터 기반 소비자 세분화란 디지털 상호작용에서 발생하는 대규모·비정형 데이터를 분석하여, 소비자의 다차원적 행동·가치·감정·상황을 반영한 지능형 시장 세분화(Intelligent Segmentation)를 수행하는 과정이다.

실제 적용 사례

- 이커머스(쿠팡, Amazon)

  구매빈도·클릭패턴 기반 실시간 세분화: 개인화 추천 및 할인 쿠폰 제공

- OTT(Netflix)

시청 시간·장르·이탈시간 분석 콘텐츠: 추천·취향별 큐레이션

- 패션 리테일(무신사)

  연령·스타일·리뷰 감성 데이터 결합: 패션 스타일별 마케팅 강화

- 금융(카카오뱅크)

  거래 패턴·소비성향 분석: 맞춤형 금융상품 제안

- 모빌리티(카카오T)

  이동 경로·시간·기상 데이터 기반: 출근·야간 이용자 맞춤 요금제

전통적 세분화 및 빅데이터 기반 세분화

- 데이터 범위: 인구통계 중심 – 행동·감정·상황 데이터 포함
- 분석 속도: 정기적, 수동 분석 – 실시간, 자동 분석 가능
- 정밀도: 거시적 – 초개인화 수준
- 적용 범위: 사후 전략 중심 – 예측적·선제적 마케팅
- 기술 기반: 통계 분석 – AI, 머신러닝, NLP, IoT

"빅데이터 기반 소비자 세분화는 인공지능 기술을 활용하여 소비자의 행동, 심리, 맥락 데이터를 통합 분석함으로써 실시간으로 변화하는 시장을 민첩하게 대응할 수 있는 지능형 소비자 이해 체계로 진화하고 있다."

1. 전통적 소비자 세분화

빅데이터 기반 세분화를 이해하기 위한 '출발점'으로, 소비자 행동 연구의 기본이자 마케팅 전략 수립의 근간이 되는 개념이다.

전통적 소비자 세분화(Traditional Consumer Segmentation)란 전체 시장을 공통된 특성과 욕구를 가진 소비자 집단으로 나누어, 각 집단에 적합한 맞춤형 마케팅 전략을 수립하는 과정이다.

전통적 세분화는 주로 정량적 변수(인구통계, 지리, 심리, 행동)를 기준으로 소비자를 유형화하며, 데이터 규모보다는 변수의 선택과 해석이 핵심이었다.

"전통적 소비자 세분화란 인구통계학적·지리적·심리적·행동적 기준을 중심으로 소비자를 동질적 집단으로 구분하고, 이에 따른 마케팅 믹스(4P)를 차별적으로 적용하는 전략적 과정이다."

1) 인구통계학적(Demographic) 성별, 연령, 소득, 직업, 학력, 가족구조 등
   가장 기본적 세분화 방식: 20대 여성 / 40대 고소득층
2) 지리적(Geographic) 국가, 지역, 도시 규모, 기후 등
   지역별 소비 차이를 반영: 서울, 경기 소비자 / 지역 고객 소비자
3) 심리적(Psychographic) 라이프스타일, 가치관, 성격, 태도 등
   행동 이면의 심리적 요인 강조: 건강 중시형 / 트렌드 추구형
4) 행동적(Behavioral) 구매 빈도, 브랜드 충성도, 사용량, 이용 목적 등
   소비자의 실제 행태 중심: 고빈도 사용자 / 신제품 선호형

1) 전통적 세분화의 구조

소비자 전체 시장

↓

세분화 변수 선정(인구통계/심리/행동 등)

↓

시장 세분화(Segment Identification)

↓

목표시장 선정(Target Market Selection)

↓

포지셔닝 전략 수립(Positioning)

즉, STP 전략(Segmentation → Targeting → Positioning)의 첫 단계가 바로 세분화이다.

2) 세분화의 평가 기준(Kotler, 2016)

좋은 세분화 전략이 되기 위해서는 다음 조건을 충족해야 한다.

- 측정 가능성(Measurable): 세분 집단의 크기·특성·구매력 측정 가능
- 접근 가능성(Accessible): 마케팅 활동으로 해당 집단에 접근 가능
- 실질성(Substantial): 충분한 규모와 수익성 확보 가능
- 차별 가능성(Differentiable): 다른 집단과 명확히 구별 가능
- 실행 가능성(Actionable): 전략적 대응이 가능한 정도

3) 전통적 세분화의 장단점

1) 인구통계학적: 단순, 이해 용이 – 개인의 심리·행동 반영 어려움
2) 지리적: 지역특성 반영 용이 – 온라인 환경에서는 무의미
3) 심리적: 가치·태도 반영 가능 – 측정 주관성 큼
4) 행동적: 실제 구매와 직결 – 비정형·실시간 데이터 반영 한계

4) 전통적 세분화 → 빅데이터 기반 세분화로의 전환

- 데이터 원천: 설문, 통계, CRM 중심 – 로그, SNS, IoT, 비정형 데이터
- 분석 범위: 제한적, 단일 변수 중심 – 대규모, 다차원 변수
- 정확성: 정적(Static) – 실시간(Dynamic)
- 기술 의존성: 통계분석 중심 – AI·머신러닝 활용
- 마케팅 적용: 집단 중심 – 개인화 중심(1:1 타깃팅)

"전통적 소비자 세분화는 인구통계, 심리, 행동 등 명시적 변수에 기반하여 시장을 구분하고 전략을 설계하는 기초적 마케팅 접근으로서, 오늘날 AI·빅데이터 세분화의 이론적 출발점이 된다."

전통적 소비자 세분화는 주로 인구통계적(Demographic), 지리적(Geographic), 심리적(Psychographic), 행동적(Behavioral) 기준을 중심으로 이루어졌다(Kotler & Keller, 2016). 이 방식은 단순하고 직관적이지만, 현대 디지털 환경에서는 개별 소비자의 복잡한 행동 패턴을 충분히 반영하지 못하는 한계가 있다.

2. 빅데이터 기반 세분화의 개념과 특징

빅데이터 기반 소비자 세분화란, 디지털 환경에서 생성되는 대규모·다양·실시간 데이터(Big Data)를 인공지능(AI)과 분석기법을 통해 처리하여 소비자의 행동·심리·상황·사회적 상호작용까지 반영한 고도화된 시장 세분화(Intelligent Segmentation)를 의미한다.

"빅데이터 기반 세분화는 온라인·모바일·소셜미디어 등에서 발생하는 방대한 소비자 행동 데이터를 분석하여, 전통적 인구통계 변수를 넘어 소비자의 패턴, 감정, 맥락적 요인까지 통합적으로 반영한 동적(Dynamic) 세분화 과정이다."

1) 배경 및 필요성

전통적 세분화는 설문조사나 CRM 데이터 등 정적(Static) 정보에 의존했으나, 현대 소비자는 디지털 플랫폼에서 시시각각 변화하는 행동 패턴과 감정 반응을 보인다. 마케터는 '한 번 정한 세분시장'이 아니라, AI를 활용해 지속적으로 갱신·학습되는 실시간 소비자 군집을 필요로 하게 되었다.

2) 빅데이터 기반 세분화의 구조

(1) 데이터 수집

- 소비자의 온라인 활동, SNS, IoT, 거래 이력 등
- 로그 데이터, 클릭스트림, 위치 데이터

(2) 데이터 통합 및 전처리

- 비정형 데이터 정제 및 결합
- 데이터 마이닝, 클렌징

(3) 세분화 분석(군집화)

- AI 기반 알고리즘으로 유사 소비자군 도출
- K-means, SOM, DBSCAN, Neural Network

(4) 인사이트 도출 및 적용

- 각 세그먼트별 맞춤 전략 설계
- 추천 시스템, 맞춤 광고, CRM 강화

(5) 지속적 업데이트

- 실시간 데이터 반영으로 세그먼트 자동 갱신
- 딥러닝 기반 모델 재학습

3) 빅데이터 기반 세분화의 주요 특징

(1) 데이터 기반(Data-driven)

인간의 직관보다 데이터를 중심으로 집단 구분: SNS 감정 분석, 구매 로그 분석

(2) 실시간성(Real-time Segmentation)

세분화 결과가 시간에 따라 자동 갱신: 이커머스 실시간 추천

(3) 다차원성(Multi-dimensional)

인구·동·심리·맥락 데이터 통합 분석: 위치+감정+시간대별 소비 유형

(4) 비정형 데이터 활용(Use of Unstructured Data)

텍스트, 이미지, 영상, 음성 데이터 포함: 리뷰 분석, 이미지 태그 분석

(5) 예측 중심(Predictive Orientation)

현재 상태보다 미래 행동 예측에 초점: 이탈 예측, 신규 상품 반응 예측

(6) 개인화(Personalization)

집단이 아닌 개인 단위 맞춤 마케팅 가능: 1:1 추천 시스템, 맞춤 프로모션

(7) 자동화 및 학습(Self-learning)

AI 모델이 스스로 세분 기준을 갱신: 딥러닝 기반 세그먼트 재구성

(8)윤리적 고려 필요(Ethical Consideration)

프라이버시·데이터 편향 문제 내포: 데이터 익명화, 투명한 알고리즘 필요

4) 전통적 세분화와 빅데이터 기반 세분화 비교

- 데이터 원천
  설문, 통계, CRM: 온라인 행동, SNS, IoT, 비정형 데이터
- 분석 주체
  연구자·마케터 중심: AI·머신러닝 알고리즘 중심
- 데이터 성격
  정형(Structured): 비정형(Unstructured) 포함
- 세분화 기준
  명시적 변수 중심(연령, 소득 등): 행동·감정·맥락 중심
- 세분화 속도
  정기적, 수동적: 실시간, 자동화
- 목표
  집단별 마케팅: 초개인화(1:1 맞춤형 마케팅)
- 대표 도구
  통계 분석, 설문 분류: AI 클러스터링, NLP, 딥러닝
- 한계 요인
  해석의 단순성: 알고리즘 투명성, 데이터 윤리

5) 장점과 의의

- 정확성 향상: 방대한 데이터 기반으로 소비자 유형 예측력 강화
- 즉각적 대응 가능: 시장 변화에 실시간 반응
- 고객 경험 개선: 개인 맞춤형 추천으로 만족도 상승
- 예측형 마케팅 실현: 소비자 '현재 행동'이 아닌 '미래 행동' 예측
- AI 마케팅 고도화의 기반: AI 기반 CRM, 타깃 광고, 챗봇 서비스 등으

로 확장

“빅데이터 기반 소비자 세분화는 데이터 중심의 인공지능 분석을 통해 소비자의 다층적 특성을 실시간으로 반영하는 지능형 시장 이해 체계이다.

이는 전통적 세분화를 넘어 초개인화(Personalization)와 예측형 마케팅으로 진화하는 핵심 기반이 된다.”

3. 행동 기반 데이터와 소비자

빅데이터 분석을 통해 소비자의 행동 패턴을 정밀하게 추적할 수 있다.

구매 패턴 분석: 특정 제품군의 구매 주기, 장바구니 구성

관심사 기반 분석: 검색 기록, 콘텐츠 소비 기록

상호작용 분석: SNS 공유·댓글·리뷰 참여

예측 분석(Predictive Analytics)을 활용하면, 기업은 개별 소비자의 미래 구매 가능성을 예측하고, 맞춤형 마케팅 메시지를 전달할 수 있다.

행동 기반 데이터(Behavioral Data)란 소비자가 실제로 보이는 행동 패턴을 기반으로 수집된 데이터로, 그들의 의도나 태도가 아닌 실제 행위(doing)를 중심으로 소비자 특성을 파악하는 데이터이다.

즉, 설문이나 인터뷰 같은 ‘자기보고식 데이터(Self-reported Data)’가 아닌, 디지털 환경에서 소비자가 남긴 실제 행위의 흔적(digital trace)을 의미한다.

1) 주요 데이터 유형

- 웹 행동 데이터
  온라인상에서 소비자가 방문, 클릭, 탐색한 경로: 검색 기록, 클릭스트림, 체류 시간
- 구매 행동 데이터
  실제 거래 및 결제 이력: 구매 횟수, 금액, 재구매 주기

– 소셜 행동 데이터
  소비자가 온라인상에서 상호작용하는 행위: 좋아요, 댓글, 공유, 해시태그
– 모바일 행동 데이터
  스마트폰 기반 행동 패턴: 위치 정보, 앱 사용 빈도, 푸시 알림 반응
– 오프라인 행동 데이터
  매장 내 행동 패턴: 방문 빈도, 동선, 체류 시간(IoT·센서 기반 수집)

2) 행동 기반 데이터의 특징

– 객관성(Objectivity) → 실제 행동 데이터이므로 왜곡 가능성이 낮음
– 실시간성(Real-timeness) → 소비자 행동의 즉각적 변화 포착 가능
– 대규모성(Big Scale) → 다수 소비자의 장기적 패턴 분석 가능
– 정교한 개인화(Personalization) → 맞춤형 추천 및 예측 가능
– 통합 가능성(Integrability) → 오프라인+온라인 데이터 융합 분석 가능

3) 행동 기반 소비자 분석의 활용

– 소비자 세분화
  클릭·구매 패턴에 따라 행동유형별 세그먼트 정의
– 추천 시스템
  개인의 과거 행동을 기반으로 제품/콘텐츠 추천
– 예측 분석
  재구매 가능성, 이탈 위험, 반응 확률 예측
– 캠페인 최적화
  특정 행동을 보인 집단에 맞춘 타깃 마케팅
– 경험 디자인
  행동 로그 기반으로 UX/UI 개선

4) 행동 기반 소비자 분석의 의의

과거의 "의도 중심 분석"(예: '이 제품을 사고 싶다')에서

→ '실제 행동 중심 분석'(예: '이 제품을 얼마나 자주 클릭·구매했는가')으로 변화.

이는 AI 학습의 핵심 데이터로 사용되어, 소비자 예측 정확도를 크게 향상시킴.

결과적으로 데이터 기반 마케팅(Data-driven Marketing)과 개인화된 소비자 경험(Personalized Experience) 실현의 토대가 됨.

4. 마케팅 전략 설계와 빅데이터

- 데이터가 이끄는 전략적 사고의 진화

21세기의 마케팅은 더 이상 '감(感)'이나 경험에만 의존하지 않는다. 과거의 마케터들이 시장조사와 설문에 기대어 소비자의 욕구를 예측했다면, 오늘날의 마케팅은 데이터를 기반으로 실시간 의사결정을 내린다. 디지털 기술의 발달로 인해 소비자의 행동, 구매, 감정, 위치, 심지어는 관심사까지 수집 가능한 시대가 되었기 때문이다. 이러한 변화의 중심에는 '빅데이터(Big Data)'가 있다. 빅데이터는 방대한 양의 데이터를 단순히 저장하는 데 그치지 않고, 그 속에서 의미 있는 패턴과 인사이트를 추출함으로써 마케팅 전략의 새로운 지평을 열고 있다.

1) 빅데이터의 개념과 마케팅에서의 의미

'빅데이터'란 단순히 데이터의 양이 많다는 의미가 아니다. 다양성(Variety), 속도(Velocity), 정확성(Veracity), 가치(Value)라는 특성을 갖는 복합적 정보 자산이다.

마케팅 관점에서 빅데이터는 '소비자의 마음을 수치로 읽어내는 기술적 언어'라고 할 수 있다.

SNS 게시물, 온라인 쇼핑 이력, 검색 기록, 위치 정보, 심지어는 영상 콘텐츠의 시청 패턴까지 -all of these- 모두 소비자의 욕구와 행동을 보여주는 실시간 데이터로 전환된다.

과거에는 "소비자는 무엇을 원할까?"를 추측해야 했다면, 이제는 "소비자는 이미 무엇을 하고 있는가?"를 관찰할 수 있는 시대다.

이 차이가 바로 데이터 기반 마케팅의 본질적 혁신이다.

2) 마케팅 전략 설계의 전통적 구조와 빅데이터의 결합

마케팅 전략 설계는 전통적으로 STP(Segmentation, Targeting, Positioning)와 4P(Product, Price, Place, Promotion) 전략을 중심으로 이루어져 왔다.

빅데이터는 이 모든 단계에 정교함과 예측 가능성을 더한다.

세분화(Segmentation) 단계에서는 소비자 데이터를 분석해 행동, 선호, 구매 빈도에 따라 정밀한 군집을 만든다. 과거에는 인구통계적 변수(나이, 성별 등) 중심이었다면, 지금은 '행동 기반 세분화(Behavioral Segmentation)'가 주류다.

표적화(Targeting) 단계에서는 머신러닝 모델을 활용해 구매 가능성이 높은 고객군을 식별한다.

포지셔닝(Positioning)은 SNS 감성 분석을 통해 브랜드 이미지와 감정적 인식을 파악하여 차별화된 메시지를 설계한다.

이러한 데이터 기반 접근은 결국 정확한 타이밍에, 올바른 메시지를, 올바른 고객에게 전달하는 것을 가능하게 만든다.

3) 빅데이터 마케팅의 핵심 기술과 활용 방식

빅데이터가 마케팅에 실제로 활용되기 위해서는 다양한 분석 기술이 필요하다.

데이터 마이닝(Data Mining): 대량 데이터에서 숨겨진 규칙과 패턴을 발견하는 기술. 예를 들어, 특정 요일·시간대에 판매량이 급증하는 상품을 식별한다.

머신러닝(Machine Learning): 과거 데이터를 학습해 미래 행동을 예측한다. 추천 시스템(예: "이 상품을 구매한 고객은 다음 상품도 함께 구매했습니다")이 대표적이다.

감성 분석(Sentiment Analysis): 온라인 리뷰나 SNS 댓글을 분석해 소비자의 정서적 반응을 파악한다. 긍정·부정 감정 비율을 통해 브랜드 이미지를 측정할 수 있다.

A/B 테스트: 두 가지 마케팅 메시지 중 어느 것이 더 효과적인지를 실험적으로 검증한다.

이러한 기술들은 마케팅을 '예술'에서 '과학'으로 변화시켰다. 하지만 동시에 데이터가 제시하지 못하는 인간적 요인을 읽어내는 감각 또한 중요해지고 있다.

4) 실제 사례: 데이터로 움직이는 브랜드들

* 넷플릭스(Netflix)

시청 이력과 콘텐츠 선호 데이터를 분석해 사용자별 맞춤형 콘텐츠를 추천한다. 이는 이용자의 만족도를 극대화하며, 구독 유지율을 높이는 핵심 요인이 된다.

* 스타벅스(Starbucks)

매장별 위치, 날씨, 시간대, 소비자 구매 패턴 데이터를 결합해 개인 맞춤형 쿠폰을 발송한다.

* 쿠팡(Coupang)

실시간 로그데이터를 기반으로 소비자 행동을 분석하고, 자동화된 리타깃팅 광고를 실행한다. 이처럼 데이터는 단순한 '정보'가 아니라, 전략적 의사결정을 이끄는 엔진 역할을 한다.

5. 윤리적 고려와 마케팅 전략

빅데이터 기반 마케팅은 소비자 정보의 대규모 수집과 분석을 수반하므로, 프라이버시 보호와 데이터 윤리가 중요하다.

프라이버시 보호: 개인정보보호법 준수, 데이터 익명화

투명성: 데이터 수집·활용 목적 공개

책임 있는 활용: 알고리즘 편향 최소화, 차별적 마케팅 방지

기업은 법적 규제뿐 아니라, 소비자 신뢰 유지 차원에서도 윤리적 활용이 필수적이다. 그러나 모든 기술적 진보에는 그림자가 있다.

빅데이터는 개인의 취향과 행동을 세밀하게 분석하는 만큼, 개인정보 보호와 데이터 윤리 문제가 대두된다.

소비자가 '관찰당하고 있다'는 불쾌감을 느낄 때, 마케팅은 신뢰를 잃게 된다.

또한, 알고리즘의 편향이나 데이터의 불완전성으로 인해 특정 소비자 집단이 불이익을 받을 가능성도 존재한다. 따라서 기업은 데이터 활용의 효율성과 함께 투명성, 공정성, 동의의 원칙을 지켜야 한다. 데이터가 아닌 '사람'을 중심에 두는 전략의 빅데이터는 마케팅의 패러다임을 근본적으로 바꾸었다.

이제 마케터는 감(感)이 아닌 증거(Evidence)에 기반해 의사결정을 내린다. 그러나 진정한 마케팅의 본질은 여전히 '사람의 마음을 이해하는 것'에 있다.

데이터가 방향을 제시한다면, 인간에 대한 통찰은 그 길을 완성한다. 빅데이터 시대의 마케팅 전략 설계는 결국 '기술과 인간 이해의 조화'라는 균형 위에서 가장 큰 힘을 발휘한다.

빅데이터 기반 세분화는 다음과 같은 마케팅 전략 설계에 활용된다.

- 개인화 마케팅(Personalized Marketing): 개별 소비자의 특성에 맞춘 추천, 쿠폰, 광고 제공
- 다중 채널 전략(Omnichannel Strategy): 온라인·오프라인 채널에서 통합 경험 제공
- 실시간 대응 전략(Real-time Marketing): 소비자의 행동 변화에 맞춘 즉각적 마케팅 활동

이러한 전략은 구매 전환율을 높이고, 소비자 만족도와 브랜드 충성도를 향상시킨다.

제4장 케이스 스터디

- 사례: 무신사(MUSINSA)의 AI 기반 패션 취향 세분화

무신사는 회원 1,000만 명 이상의 스타일 취향 데이터를 분석해 세분화 마케팅을 진행하고 있다. AI는 다음 데이터를 기반으로 소비자를 자동 분류한다.

- 카테고리별 클릭·장바구니·구매 패턴
- 이미지 기반 상품 유사도 분석
- 계절·날씨별 소비 변화
- 브랜드 충성도 및 가격 민감도

이를 통해 무신사는 "Y2K 스타일 선호층", "미니멀 실용 소비층", "스트릿 하이엔드 소비층", "높은 가격 민감도 할인 헌터층" 등 실제 활용 가능한 마이크로 세그먼트를 운영중이다. AI 세분화 도입 이후 추천 정확도와 재구매율이 상승했고, 신규 브랜드 런칭 시 타깃팅 효과가 크게 높아진 것으로 알려져 있다.

토의 질문

1. 무신사처럼 이미지 기반 유사도 분석을 활용한 세분화는 기존 방식과 무엇이 다른가?

2. 소비자를 ‘스타일 취향’ 중심으로 세분화할 때 얻을 수 있는 이점과 위험 요소는?

3. 가격 민감도 세그먼트를 강화하면 고객 락인 효과가 생길까, 오히려 이탈이 증가할까?

4. 다른 산업(푸드, 여행, 금융 등)에도 적용 가능한 세분화 방식은 무엇일까?

* 워크시트 활동

활동	내용	학습목표 연계
1.	데이터 기반 세그먼트 표 작성	세분화 이해
2.	추천 알고리즘 영향 분석	분석 능력
3.	마케팅 캠페인 설계	전략적 사고

〈연구토론 과제〉

빅데이터 기반 세분화가 기존 세분화 방식 대비 갖는 장점과 한계는 무엇인가?

초개인화 마케팅이 소비자의 선택 자율성에 미치는 영향은?

빅데이터 기반 마케팅에서 기업이 반드시 고려해야 할 윤리적 요소는 무엇인가?

행동 기반 데이터 분석이 마케팅 전략 수립에 미치는 실제 사례를 제시하라.

제 5 장

AI 시대의 소비자 경험 관리

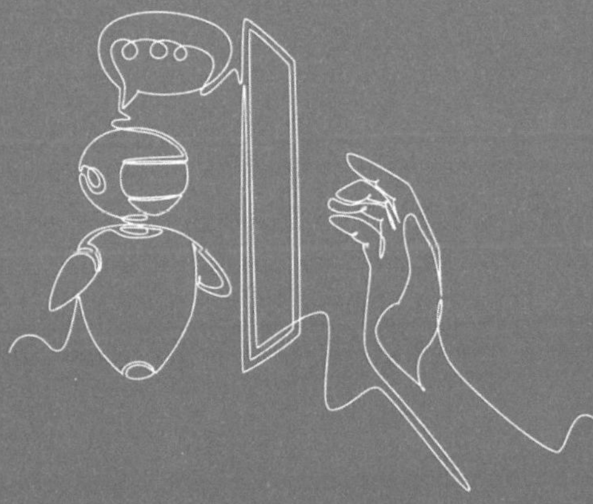

AI 시대의 소비자 행동론

학습목표

소비자 경험(Customer Experience: CX)의 개념과 구성 요소를 이해한다.

AI 기술이 소비자 경험 설계와 관리에 미치는 영향을 분석할 수 있다.

옴니채널 환경에서 소비자 경험을 통합적으로 설계하는 방법을 설명한다.

마케팅 관점에서 AI 기반 CX 전략의 윤리적 · 실무적 고려사항을 평가한다.

핵심용어

소비자 경험(CX), 옴니채널(Omnichannel), AI 챗봇, 개인화(Personalization), 감정 분석(Sentiment Analysis), 실시간 반응(Real-time Response), 고객 여정(Customer Journey), 경험 설계(Experience Design), 고객 만족(Customer Satisfaction), 브랜드 충성도(Brand Loyalty)

제 5 장

AI 시대의 소비자 경험 관리

인간 감정과 알고리즘의 새로운 공존 방식

21세기의 시장은 제품이 아니라 '경험'(Experience)으로 경쟁한다.

소비자에게 단순히 물건을 파는 시대는 지나갔다.

이제 브랜드는 감정, 이야기, 몰입의 순간을 제공해야 한다.

그리고 이 경험을 정밀하게 설계하고 관리하는 핵심 기술로 인공지능(AI)이 등장했다.

AI는 소비자의 데이터 속에서 욕구를 읽고, 행동을 예측하며, 맞춤형 상호작용을 제공한다.

그 결과, 기업은 '누구에게 무엇을 팔 것인가'보다 '어떻게 느끼게 할 것인가'에 집중하게 되었다.

1) 소비자 경험 관리의 개념과 진화

소비자 경험 관리(Consumer Experience Management: CXM)란 소비자가 브랜드와 접촉하는 모든 순간 –검색, 구매, 사용, 후기 공유– 에서 느끼는 인지적·정서적 반응을 총체적으로 관리하는 전략을 말한다.

과거의 고객 관리(Customer Relationship Management: CRM)가 '거래 중심'이었다면, CXM은 '감정과 관계 중심'이다. 즉, 단순히 제품을 구매한 소비자가 아니라, 브랜드와 정서적으로 연결된 팬을 만들어내는 것이 목표다.

디지털 환경의 확장으로 인해 소비자 경험은 온라인과 오프라인을 넘나드는 복합적 과정이 되었고, AI는 이러한 복잡한 접점을 실시간으로 분석·관리할 수 있는 도구로 자리 잡았다.

2) AI가 바꾸는 소비자 경험의 구조

AI는 소비자 경험을 데이터 기반의 맞춤형 여정(personalized journey)으로 재구성한다.

과거 기업은 고객의 반응을 사후에 조사했다면, AI는 실시간 분석을 통해 소비자의 다음 행동을 예측하고, 그에 맞는 대응을 즉각 제공한다.

[AI 기반 경험 관리의 핵심 변화]

* 정보 제공

일방향 광고 중심: 대화형 챗봇, 음성비서 등: 쌍방향 커뮤니케이션

* 고객 분석

표본 중심 통계 실시간 행동: 데이터 분석, 감정 인식 기술

* 서비스 대응

고객센터 중심: 24시간 자동 응대, 상황별 맞춤 솔루션 제공

* 경험 설계

평균적 타깃 전략: 개인 맞춤형 추천, 예측형 마케팅

사례로, 아마존의 추천 시스템은 사용자의 과거 구매·검색·리뷰 데이터를 학습하여 그 사용자가 다음에 구매할 가능성이 높은 상품을 자동 제시한다.

넷플릭스의 콘텐츠 추천, 스타벅스의 주문 앱 맞춤 쿠폰도 같은 원리로 작동한다.

이처럼 AI는 소비자 경험을 '예측 가능한 개인화 경험'으로 전환하고 있다.

3) 감정 기반 AI와 소비자 몰입

최근에는 단순한 데이터 분석을 넘어, 감정 AI(Affective AI)가 소비자 경험 관리의 새로운 트렌드로 떠오르고 있다.

감정 AI는 표정, 음성, 언어 패턴 등을 분석해 소비자의 감정 상태를 파악하고, 그에 맞게 반응한다.

예를 들어, AI 콜센터는 고객의 목소리 톤을 분석해 '분노', '불만', '피로' 등의 감정을 실시간 감지하고 응답 속도나 어조를 조정함으로써 부정적 경험을 완화한다.

이러한 기술은 '공감하는 알고리즘(empathetic algorithm)'이라는 새로운 개념을 낳았다. 즉, AI가 단순히 정보를 처리하는 도구를 넘어, 소비자의 감정적 신호를 이해하고 반응하는 '디지털 공감자'로 진화하고 있는 것이다.

4) AI 기반 소비자 경험의 한계와 윤리적 고민

하지만 AI가 모든 경험을 완벽히 대체할 수는 없다.

첫째, 인간의 감정은 데이터로 완벽히 환원될 수 없다. AI는 과거의 패턴을 학습하지만, 인간의 감정은 맥락과 상황에 따라 변화한다.

둘째, 프라이버시 침해 문제가 심각하다. 소비자의 경험을 예측하기 위해 수집되는 데이터가 개인의 취향·위치·심리 상태까지 포괄할 때, '편리함'은 곧 '감시'로 변할 수 있다.

셋째, 알고리즘의 편향성(bias)은 특정 소비자 집단에 불이익을 줄 가능성을 내포한다. 따라서 AI 기반 경험 관리는 기술적 효율성과 윤리적 책임성의 균형 위에서 이루어져야 한다.

"데이터를 얼마나 많이 아는가"보다 "소비자를 얼마나 존중하는가"가 더 중요한 시대가 되었다.

5) 미래 방향: 인간 중심의 AI 경험 설계

AI는 소비자 경험을 혁신하는 강력한 도구이지만, 그 목적은 기술 중심이 아닌 인간 중심의 경험 설계에 있다.

앞으로의 마케팅은 AI를 통해 더 많은 데이터를 수집하는 것이 아니라, 소비자의 맥락과 감정을 더 깊이 이해하는 방향으로 발전해야 한다.

AI가 소비자의 마음을 '읽을 수는 있어도', 그 마음을 '느낄 수는 없다'.

따라서 진정한 소비자 경험 관리는 AI의 효율성과 인간의 공감 능력이 결합될 때 완성된다. 결국, AI는 인간 경험을 대체하는 것이 아니라 확장시키는 존재다.

AI가 만든 새로운 소비자 경험의 세계에서, 인간의 감정은 여전히 중심에 있다.

"AI 시대의 소비자 경험 관리는 기술이 아닌 '공감의 전략'이다. 데이터를 넘어, 인간의 감정과 맥락을 이해하는 브랜드만이 진정한 경험을 설계할 수 있다."

1. 소비자 경험의 개념과 중요성

제품이 아닌 '경험'으로 경쟁하는 시대

오늘날의 시장은 더 이상 제품 그 자체로 승부하지 않는다.

소비자는 단순히 물건을 '구매'하는 존재가 아니라, 구매 과정 전반에서 느끼는 경험(Experience)을 통해 브랜드를 평가한다.

즉, 제품의 기능이나 가격이 아닌, 그것을 통해 얻게 되는 감정적 만족이 소비자의 선택을 결정짓는 핵심 요인이 되었다.

이러한 흐름 속에서 '소비자 경험(Consumer Experience)'은 현대 마케팅의 중심 개념으로 자리 잡았다.

1) 소비자 경험의 개념

소비자 경험(Consumer Experience)이란 소비자가 브랜드, 제품, 혹은 서비스와 상호작용하는 모든 순간에서 느끼는 인지적(cognitive), 감정적(affective), 감각적(sensory), 행동적(behavioral) 반응의 총체를 말한다.

Holbrook & Hirschman(1982)은 전통적 '정보, 처리적 소비자' 개념을 넘어, 소비를 "쾌락적(hodonic)이고 감성적인 경험"으로 정의하면서 소비자 경험 연구의 기초를 세웠다. 이후 Schmitt(1999)는 경험적 마케팅(Experiential Marketing) 개념을 제시하며, 소비자 경험을 다섯 가지 차원으로 구체화했다.

[Schmitt의 경험 마케팅 5요소 및 의미]

- Sense(감각): 시각, 청각, 후각, 촉각, 미각 등 감각적 자극
- Feel(감정): 즐거움, 행복, 공감 등 감정적 반응
- Think(인지): 사고 유발, 문제 해결 등 인지적 자극
- Act(행동): 신체적 체험, 라이프스타일 변화
- Relate(관계): 사회적 연대감, 브랜드 커뮤니티 참여

이처럼 소비자 경험은 단순한 소비행위의 결과가 아니라, 소비자와 브랜드 간의 지속적 상호작용 과정 그 자체이다.

2) 소비자 경험이 중요한 이유

(1) 차별화의 핵심: 기능이 아닌 감정의 경쟁

오늘날의 시장은 제품의 품질과 가격이 평준화되었다.

기술 혁신만으로는 더 이상 지속적 경쟁우위를 확보하기 어렵다.

이때 브랜드가 소비자에게 '어떤 감정을 남기는가'가 차별화의 핵심이 된다.

사례로, 애플(Apple)은 단순한 IT제품을 판매하는 것이 아니라, '혁신과 창의성'이라는 감정적 경험을 제공함으로써 브랜드 충성도를 구축한다.

(2) 소비자 만족과 충성도 형성의 핵심 요인

소비자 경험은 브랜드 만족도와 충성도(loyalty) 형성에 직접적인 영향을 미친다.

긍정적인 경험은 재구매 의도와 구전(Word-of-Mouth)을 촉진하며, 부정적인 경험은 브랜드 이탈로 이어진다. 특히 디지털 환경에서는 소비자 경험이 SNS 후기나 평점 시스템을 통해 빠르게 공유되기 때문에 한 번의 경험이 기업의 이미지 전체를 좌우할 수 있다.

(3) 감정 기반 소비의 확산

디지털 플랫폼 시대의 소비자는 합리적 계산보다 감정적 반응에 의해 움직인다. 이는 '감성소비', '스토리텔링 마케팅', '체험형 매장'의 확산으로 이어지고 있다.

소비자 경험은 곧 브랜드와 소비자 간의 감정적 연결 고리다. 따라서 기업은 제품 판매보다 '좋은 경험을 설계하는 능력'을 갖추는 것이 중요하다.

(4) AI · 빅데이터와 결합된 미래 경쟁력

최근에는 AI와 빅데이터 기술이 소비자 경험 관리에 결합되면서 개인의 취향, 감정 상태, 행동 패턴을 분석해 맞춤형 경험(personalized experience)을 제공하고 있다.

예를 들어, 넷플릭스는 시청 패턴을 분석해 개인별 추천을 제공함으로써 '취향을 이해받는 경험'을 설계하고 있다. 즉, 소비자 경험은 더 이상 정성적 감각이 아니라 데이터로 설계되는 전략 자산이 된 것이다.

3) 소비자 경험 관리의 방향

소비자 경험의 중요성이 커질수록, 기업은 단기적 판매보다 장기적 관계 형성에 초점을 맞추어야 한다.

좋은 경험은 단발적 만족이 아니라, 브랜드에 대한 감정적 유대감(emotional bond)으로 이어진다. 이를 위해 기업은 다음과 같은 접근을 취해야 한다.

(1) 소비자 여정(Customer Journey) 전체를 설계하라.

구매 전-중-후의 경험을 통합적으로 관리해야 한다.

(2) 감정 데이터를 경청하라

리뷰, SNS 댓글, 고객센터 대화 등 비정형 데이터 속에 경험의 단서가 숨어 있다.

(3) 공감과 신뢰를 구축하라

소비자는 기능보다 태도에 반응한다.

'이 브랜드는 나를 이해 한다'는 감정이 충성도로 이어진다.

4) 경험이 곧 브랜드다

오늘날의 소비자는 상품을 사는 것이 아니라, 자신의 감정을 산다.

그들은 제품을 통해 자신을 표현하고, 브랜드와의 관계 속에서 정체성을 찾는다. 따라서 기업이 제공해야 할 것은 '제품'이 아니라 '의미 있는 경험'이다.

소비자 경험은 단순한 마케팅 도구가 아니라, 브랜드의 철학과 가치를 실현하는 핵심 경쟁력이다. 결국 "무엇을 파느냐"보다 "어떤 경험을 주느냐"가 미래 시장의 성패를 결정할 것이다.

소비자 경험이란 소비자가 브랜드와 만나는 모든 순간의 감정·인지·행동 반응의 총체이며, 그것은 기업이 제공할 수 있는 가장 강력한 차별화 자산이다.

소비자 경험(CX)은 소비자가 브랜드, 제품, 서비스와 상호작용하는 모든 과정에서 느끼는 인지적·감정적·행동적 반응을 총체적으로 의미한다(Pine & Gilmore, 1998).

인지적 경험: 제품 정보 이해, 기능 평가

감정적 경험: 즐거움, 만족, 흥미, 기대

행동적 경험: 구매 행동, 재구매, 리뷰 작성

현대 마케팅에서는 단순 제품 제공을 넘어, 브랜드와의 의미 있는 경험 창출이 핵심 전략이 되었다.

2. AI 기술과 소비자 경험

데이터에서 감정으로, 기술이 만든 새로운 소비 여정

21세기 마케팅의 중심에는 '제품'이 아니라 '경험(Experience)'이 있다.

소비자는 단순히 물건을 구매하는 존재가 아니라, 브랜드와의 상호작용 속에서 감정적 만족과 의미를 추구하는 주체로 변화했다.

이러한 소비자 경험의 중심에는 최근 AI(인공지능) 기술이 자리 잡고 있다.

AI는 데이터 분석을 통해 소비자를 이해하고, 개인 맞춤형 경험을 제공하며, 기업과 소비자 간의 관계를 실시간으로 조율하는 새로운 경험 관리자의 역할을 수행한다.

1) AI 기술과 소비자 경험의 배경

디지털 전환이 가속화되면서 소비자와 브랜드의 접점은 오프라인 매장에서 온라인 플랫폼, 그리고 모바일 애플리케이션으로 확장되었다. 그 과정에서 방대한 소비자 데이터(Consumer Data)가 생성되었고, 이 데이터를 실시간 분석할 수 있는 기술로 AI가 주목받게 되었다.

AI는 소비자의 행동, 선호, 감정, 위치 정보 등을 통합적으로 분석하여 각 개인에게 가장 적합한 경험을 예측하고 제공한다. 즉, "모든 소비자에게 같은 메시지"를 전달하던 전통적 마케팅에서 벗어나 "각 소비자에게 다른 경험"을 설계하는 것이 가능해진 것이다.

2) AI가 변화시키는 소비자 경험의 구조

AI는 소비자 경험의 모든 단계(탐색 → 구매 → 사용 → 관계 유지)를 재구성하고 있다.

[소비 단계 및 기존 경험, AI 기반 경험의 변화]

탐색(Information Search)

- 소비자가 직접 정보 탐색
- AI가 개인의 관심사·검색 이력 기반 추천 제공
  (예: 네이버·유튜브·넷플릭스 알고리즘)

구매(Purchase)

- 가격·제품 비교 중심
- AI 챗봇, 음성 비서(Alexa 등)가 맞춤형 구매 지원

사용(Consumption)

- 소비 후 만족도 평가
- IoT·AI가 사용 패턴 분석 → 자동 업그레이드 및 맞춤 서비스 제공

관계 유지(Relationship)

- 구매 후 관계 단절
- AI 기반 고객관리 시스템(CRM)이 재구매 시점 예측, 개인화 메시지 발송

이처럼 AI는 소비자가 인식하기 전에 그들의 '다음 행동'을 예측하고, 필요한 경험을 선제적으로 제공함으로써 브랜드와 소비자 간의 연결을 강화한다.

3) 주요 AI 기술의 적용 사례

(1) 추천 시스템(Recommendation System)

AI가 소비자의 과거 행동 데이터(검색, 구매, 클릭 등)를 분석해 다음에 관심 가질 제품을 예측.

*** 사례**

- 넷플릭스 – 시청 이력을 기반으로 영화·드라마를 맞춤 추천
- 아마존 – 장바구니 이력과 유사 고객 데이터를 분석해 구매 확률이 높은 상품 제안
- 멜론/스포티파이 – 사용자의 청취 패턴에 맞춘 플레이리스트 자동 생성

(2) 챗봇(Chatbot)과 음성비서(Virtual Assistant)

고객 문의, 제품 추천, 결제까지 자동으로 처리하는 AI 비서

* 사례

- 카카오톡 챗봇, 삼성 빅스비, 애플 시리 등이 사용자의 언어·감정 톤을 학습하여 더 자연스럽고 공감적인 대화를 제공
- 소비자는 '응대 받는 경험'을 넘어서 '이해받는 경험'을 얻게 된다.

(3) 감정 인식(Affective AI)

표정·음성·언어를 분석해 사용자의 감정 상태를 파악하고 이에 따라 반응

* 사례

- AI 고객센터가 고객의 목소리 톤을 분석해 불만·분노를 감지하고 상담 강도를 조절
- 광고 노출 시 얼굴 인식 카메라를 활용해 감정 반응에 따라 콘텐츠 자동 변경

이러한 감정 기반 기술은 소비자의 무의식적 반응까지 포착하여 보다 정교한 '감정 맞춤형 경험'을 가능하게 한다.

4) AI 시대 소비자 경험의 장점과 위험

'기계적 경험'의 문제는 인간의 감정을 모방하는 AI는 한계가 있다.
진정성 없는 자동화된 응대는 오히려 소비자 피로감을 초래할 수 있다.

5) 미래 방향: 인간 중심의 AI 경험 설계

AI가 소비자 경험을 혁신하는 것은 분명하지만, 그 방향은 기술 중심이 아닌 인간 중심이어야 한다.

기업은 데이터 분석의 효율성보다 소비자의 맥락과 감정을 이해하는 공감적 설계를 우선시해야 한다. 이를 위해 필요한 관점은 다음과 같다.

'데이터를 위한 데이터'가 아닌, '경험을 위한 데이터' 데이터 수집의 목적은 기술 개발이 아니라, 더 나은 경험 설계에 있어야 한다.

투명성과 윤리성 확보로 소비자가 자신의 데이터가 어떻게 사용되는지 알 권리를 가져야 한다.

AI와 인간의 협력적 경험 설계로 인간의 공감 능력과 AI의 분석 능력이 결합될 때 비로소 진정한 의미의 '맞춤형 경험'이 완성된다. 기술이 아닌 감정이 브랜드를 완성한다.

AI는 소비자 경험을 정밀하게 분석하고 개인화할 수 있는 강력한 도구다. 그러나 그 기술이 감정적 맥락을 이해하지 못한다면, 소비자에게 남는 것은 '편리한 서비스'일 뿐 '감동적인 경험'은 아니다. 따라서 AI 시대의 마케팅은 데이터를 넘어 공감과 신뢰의 기술로 발전해야 한다. 결국 소비자 경험의 본질은 기술이 아니라 인간이다. AI가 제공하는 데이터 위에 인간의 감성을 더할 때, 브랜드는 소비자에게 잊히지 않는 경험을 선사할 수 있다.

"AI는 소비자 경험을 효율화하지만, 인간의 감정을 대체할 수는 없다. 기술이 아닌 공감이 브랜드 경쟁력의 중심이다." AI 기술은 소비자 경험 설계에서 중요한 역할을 수행한다.

개인화 추천(Personalized Recommendation)

- 과거 구매, 검색, 관심사 데이터 기반 추천
- 소비자 선호 반영 → 만족도 향상

AI 챗봇(Chatbot)과 가상 어시스턴트

- 24시간 실시간 대응
- 문의, 예약, 맞춤 상담 가능
- 반복적 문의 처리 → 효율적 경험 제공

감정 분석(Sentiment Analysis)과 피드백 관리

- 소셜미디어 리뷰 및 고객 피드백 분석
- 실시간 문제 감지 및 대응 → 경험 개선
- AI 기술을 활용하면 실시간 맞춤형 경험 제공이 가능하며, 이는 소비자의 몰입(flow)과 만족도를 높인다.

3. 옴니채널 경험 관리

연결의 시대, 소비자 여정의 일관성을 설계하다 21세기의 소비자는 더 이상 한 채널에 머물지 않는다. 온라인 쇼핑몰에서 상품을 탐색하고, 모바일 앱에서 결제한 뒤, 오프라인 매장에서 상품을 수령하거나 반품한다.

이처럼 다양한 접점을 넘나드는 소비 행태 속에서 기업이 제공해야 할 핵심 가치는 끊김 없는 경험(Seamless Experience) 단 하나다. 이를 가능하게 하는 것이 바로 옴니채널 경험 관리(Omnichannel Experience Management)이다.

1) 옴니채널의 개념

옴니채널(Omnichannel)이란 소비자가 브랜드와 상호작용할 수 있는 모든 채널(오프라인 매장, 웹사이트, 모바일 앱, 콜센터, SNS 등)을 유기적으로 통합하여 일관된 경험을 제공하는 전략적 접근을 의미한다. 단순히 여러 판매 경로를 병렬적으로 운영하는 '멀티채널(Multichannel)'과 구별된다.

멀티채널은 채널 간의 연결성이 약하고 경험이 단절되는 반면, 옴니채널은 하나의 통합된 소비자 여정(Customer Journey)으로 모든 접점을 연결한다.

사례로, 한 소비자가 온라인에서 제품을 보고, 모바일 앱에서 장바구니에 담은 뒤, 가까운 오프라인 매장에서 실물을 확인하고 바로 결제할 수 있다면, 그것은 완성도 높은 옴니채널 경험이다.

2) 옴니채널 경험 관리의 핵심 구성 요소

옴니채널 경험 관리(OXM: Omnichannel Experience Management)는 단순한 유통 전략이 아니라 소비자 중심의 통합 경험 설계 프로세스이다.

다음 세 가지 요소가 핵심이다.

[옴니채널 구성요소]

1) 채널 통합(Channel Integration)

온라인·오프라인·모바일 등 모든 접점을 하나의 데이터 시스템으로 연결. 소비자 정보와 행동 데이터를 통합 관리.

2) 경험 일관성(Consistency of Experience)

어떤 채널을 이용하든 동일한 브랜드 이미지, 서비스 품질, 감정적 경험을 제공.

3) 개인화(Personalization)

AI·빅데이터 기반 분석을 통해 개별 소비자의 맥락과 취향에 맞춘 맞춤형 콘텐츠 제공.

이러한 구조는 단순한 기술 통합이 아니라, 소비자가 "한 사람으로서 이해받는 경험"을 하도록 설계하는 것이다.

3) AI와 빅데이터가 만들어내는 옴니채널 혁신

AI 기술은 옴니채널 경험 관리를 가능하게 하는 핵심 엔진이다.

소비자는 여러 채널을 넘나들며 방대한 양의 데이터를 남긴다.

AI는 이러한 데이터를 분석하여 소비자의 구매 패턴, 감정 상태, 선호도 변화를 예측한다.

(1) 데이터 기반 개인화

AI는 고객의 검색 이력, 구매 내역, 위치, 시간대 등을 종합해 '지금 이 순간 가장 적합한 제안'을 한다.

사례로, 스타벅스 앱은 고객의 위치를 기반으로 가장 가까운 매장을 안내하고, 자주 마시는 음료를 추천한다. 이러한 개인화된 경험은 충성도를 높이고, 재방문을 유도한다.

(2) 고객 여정 분석(Customer Journey Analytics)

AI는 소비자가 어떤 경로를 통해 브랜드에 접근하고, 어디에서 이탈하는지를 분석한다. 이를 통해 기업은 소비자 여정의 병목 지점을 파악하고 각 채널의 역할을 최적화할 수 있다.

(3) 옴니채널 챗봇과 CX 자동화

AI 기반 챗봇은 웹사이트, SNS, 앱 등 다양한 채널에서 24시간 일관된 응대 경험을 제공한다.

사례로, 고객이 인스타그램 메시지로 문의하든 공식 홈페이지를 통해 문의하든, AI는 동일한 맥락으로 고객을 인식하고 대응할 수 있다.

4) 옴니채널 경험 관리의 중요성

(1) 소비자 중심 시장으로의 패러다임 전환

옴니채널 전략은 '제품 중심(Product-Oriented)'이 아닌 '소비자 중심(Customer-Oriented)' 접근을 가능하게 한다.

소비자가 원하는 시간, 장소, 방식으로 브랜드와 연결될 수 있게 함으로써 소비자의 주도권을 존중한다.

(2) 브랜드 신뢰와 충성도 강화

일관된 경험은 신뢰를 만든다.

소비자는 어떤 채널에서도 같은 품질의 서비스와 메시지를 접할 때 브랜드에 대한 심리적 안정감을 느낀다. 이는 장기적인 충성 고객을 확보하는 핵심 요인이다.

(3) 데이터 기반 의사결정 강화

옴니채널 시스템은 모든 접점에서 데이터를 수집하므로, 기업은 소비자의 행동을 실시간으로 파악하고 전략적으로 대응할 수 있다. 이는 마케팅뿐 아니라 상품 기획, 재고 관리, 고객 서비스 개선 등 전사적 혁신으로 이어진다.

5) 연결이 곧 경험이다

디지털 전환 시대의 경쟁력은 '연결'에 있다.

옴니채널 경험 관리는 소비자와 브랜드를 기술로, 감정으로, 데이터로 연결하는 전략이다. 결국 소비자는 "어디에서 무엇을 하든 같은 브랜드와 함께 있는 느낌"을 원한다. 따라서 기업은 각 채널을 따로 운영하는 것이 아니라, 소비자의 여정을 중심으로 하나의 통합된 스토리를 설계해야 한다. 그것이 곧 진정한 의미의 옴니채널 경험 관리이며, AI 시대의 지속가능한 고객 관계(CX Sustainability)를 만드는 길이다.

옴니채널 경험 관리는 AI와 데이터 기술을 기반으로 소비자의 모든 접점을 하나의 통합된 여정으로 연결해 끊김 없는 일관된 브랜드 경험을 제공하는 전략이다.

옴니채널 환경에서는 소비자가 여러 채널을 통해 상호작용하며 경험을 축적한다.

- 온라인 채널: 웹사이트, 모바일 앱, SNS
- 오프라인 채널: 매장, 체험 공간, 이벤트
- 통합 관리: 채널 간 경험 일관성 확보, 고객 여정 분석(Customer Journey Mapping)

AI는 옴니채널 경험에서 실시간 데이터 수집, 행동 예측, 개인화를 가능하게 하며, 고객 경험 설계(Experience Design)를 체계화할 수 있다.

4. 고객 경험과 브랜드 충성도

감정의 연결이 만드는 지속가능한 관계로 오늘날의 소비자는 단순히 제품을 구매하는 존재가 아니다. 그들은 브랜드와의 상호작용 속에서 감정, 의미, 가치를 경험하며, 그 경험이 반복될수록 브랜드에 대한 신뢰와 애착이 형성된다. 즉, 좋은 고객 경험(Customer Experience)은 단순한 만족을 넘어 브랜드 충성도(Brand Loyalty)로 이어지는 심리적 기반이다.

1) 고객 경험(Customer Experience)의 개념

고객 경험은 소비자가 브랜드, 제품, 서비스와 직접 혹은 간접적으로 상호작용하는 모든 과정에서 느끼는 감정적·인지적·행동적 반응의 총체이다.

Pine과 Gilmore(1999)는 *The Experience Economy*에서 "기업은 제품이 아니라 경험을 판매해야 한다"고 강조했다. 이는 제품의 기능이나 가격보다, 소비자가 브랜드를 통해 무엇을 느끼고, 어떻게 기억하는가가 경쟁의 핵심이 되었음을 의미한다.

이후 Schmitt(1999)는 경험적 마케팅(Experiential Marketing) 개념을 제시하며, 소비자 경험을 감각(Sense), 감정(Feel), 사고(Think), 행동(Act), 관계(Relate)의 5가지 차원으로 구체화했다. 즉, 고객 경험은 브랜드가 소비자의 삶 속에서 감각적 자극과 감정적 공감을 창출하는 과정이라 할 수 있다.

2) 브랜드 충성도(Brand Loyalty)의 개념

브랜드 충성도는 소비자가 특정 브랜드에 대해 지속적으로 긍정적 태도를 유지하고, 반복 구매나 추천 행위를 하는 심리적·행동적 성향을 말한다.

Oliver(1999)는 충성도를 네 단계로 구분했다

[단계/ 내용]

- 인지적 충성(Cognitive Loyalty): 가격·품질 등 논리적 판단에 의한 선호
- 감정적 충성(Affective Loyalty): 브랜드에 대한 감정적 애착과 호감
- 의도적 충성(Conative Loyalty): 구매 의도와 반복 사용의 의지
- 행동적 충성(Action Loyalty): 실제 구매 행동으로 이어지는 단계

이 구조는 단순히 '좋아한다'에서 끝나는 것이 아니라, '행동으로 옮기는 신뢰'로 발전하는 과정임을 보여준다.

3) 고객 경험과 브랜드 충성도의 관계

고객 경험은 브랜드 충성도의 출발점이자 촉진 요인이다.

소비자가 브랜드와의 상호작용 과정에서 긍정적인 경험을 할수록 그 경험은 감정적 만족으로 전환되고, 결국 심리적 유대감(Emotional Bond)을 강화한다.

(1) 감정적 경험 → 정서적 애착

좋은 경험은 감정적 연결을 형성한다.

예를 들어, 디즈니(Disney)는 고객에게 단순한 놀이공원이 아닌 '행복한 기억'을 제공함으로써 세대를 초월한 충성도를 유지한다.

소비자는 제품이 아닌 '감정의 기억'에 충성한다.

(2) 일관된 경험 → 신뢰 형성

어떤 채널에서든 동일한 품질과 메시지를 경험할 때 소비자는 브랜드에 대한 신뢰를 느낀다. 이는 옴니채널 경험 관리(Omnichannel Experience Management)의 핵심이기도 하다.

일관성은 브랜드의 진정성을 강화하고, 충성도의 장기적 기반이 된다.

(3) 개인화된 경험 → 재구매 의도 강화

AI와 빅데이터 기술은 고객의 행동 데이터를 분석하여 개인화된 추천, 맞춤형 서비스, 예측형 마케팅을 가능하게 한다.

소비자는 "이 브랜드는 나를 이해한다"는 감정을 가질 때 자발적으로 재방문하고 구매를 반복한다.

4) AI 시대의 고객 경험 관리와 충성도 강화

AI 기술은 고객 경험을 정교하게 설계하고 충성도를 데이터 기반으로 관리할 수 있게 한다.

(1) 예측 분석(Predictive Analytics)

AI는 과거 구매이력, 검색패턴, 소셜데이터를 분석해 고객이 언제, 어떤 이유로 이탈할 가능성이 높은지를 예측한다. 이를 통해 기업은 선제적 대응(Preventive Action)으로 충성 고객을 유지할 수 있다.

(2) 감정 인식(Affective Computing)

AI는 음성, 표정, 텍스트를 분석해 소비자의 감정 상태를 파악한다.

이 기술은 고객센터, 챗봇, 서비스 로봇 등에서 고객의 감정에 맞춘 대응을 가능하게 하여 정서적 만족을 높인다.

(3) 경험 맞춤화(Personalized CX)

AI는 소비자 데이터를 실시간으로 학습하여 개인별 맞춤형 콘텐츠, 프로모션, UX를 제공한다. 사례로, 아마존은 고객의 행동 데이터를 기반으로 “당신만을 위한 추천”을 실현하며 충성도 높은 고객층을 확보하고 있다.

5) 경험이 충성도를 만든다

좋은 경험은 브랜드를 ‘기억’하게 하고, 지속적인 경험은 브랜드를 ‘신뢰’하게 한다. 결국 충성도는 경험의 누적된 감정적 결과물이다.

AI 시대의 마케팅은 더 이상 단순한 판매가 아니라, 소비자와의 관계를 설계하는 기술이다.

기업은 데이터를 통해 고객을 이해하고, 공감을 통해 고객의 마음을 얻어야 한다. 즉, 기술이 경험을 만들고, 경험이 충성도를 만든다.

브랜드의 미래는 ‘경험 설계 능력’에 달려 있다.

고객 경험은 브랜드 충성도의 심리적 기반이다.

긍정적이고 일관된 경험은 감정적 유대와 신뢰를 형성하며, AI 기술은 이를 개인화하고 지속가능한 관계로 확장시킨다.

긍정적 경험은 고객 만족도, 재구매, 브랜드 충성도(Brand Loyalty)로 이어진다(Kumar & Reinartz, 2016).

- AI 기반 개인화 경험 → 고객 신뢰 증가
- 문제 상황 대응 → 고객 불만 최소화
- 통합 경험 관리 → 브랜드 이미지 강화

마케팅 관점에서는, 고객 경험을 단순히 접점 관리가 아닌 전사적 전략으로 접근해야 한다.

5. AI 시대의 소비자 경험 관리: 윤리적·실무적 고려사항

AI와 빅데이터 기술은 오늘날 소비자 경험(Customer Experience)을 혁신적으로 변화시켰다. 기업은 소비자의 구매 이력, 검색 패턴, 위치 정보 등 방대한 데이터를 분석하여 개인별 맞춤형 서비스를 제공하고, 고객 여정을 실시간으로 관리할 수 있게 되었다. 그러나 이 과정에서 윤리적·실무적 고려가 간과될 경우, 기술이 가져온 편리함은 곧 소비자 불신과 사회적 문제로 이어질 수 있다.

1) 윤리적 고려사항(Ethical Considerations)

AI 기반 소비자 경험 관리에는 데이터 활용의 투명성, 개인정보 보호, 공정성, 인간 중심성이라는 네 가지 핵심 윤리 원칙이 필요하다.

(1) 개인정보 보호와 동의(Privacy & Consent)

AI 시스템은 소비자 데이터를 기반으로 작동한다.

하지만 수집·저장·분석 과정에서 개인정보가 무단으로 활용되거나, 명시적 동의 없이 제3자에게 제공되는 사례가 빈번하다. 이는 GDPR(유럽 일반개인정보보호법)과 같은 국제 규제의 핵심 쟁점이다.

소비자는 자신이 제공한 데이터가 어떻게 사용되는지 알 권리가 있으며, 기업은 데이터 최소화의 원칙(Data Minimization Principle)을 지켜야 한다.

(2) 알고리즘 편향(Algorithmic Bias)

AI는 인간의 편향을 그대로 학습할 수 있다.

사례로, 과거 구매 데이터를 기반으로 추천 시스템을 구축하면 성별, 연령, 지역의 소비자에게 불리한 결과를 초래할 수 있다. 이러한 편향된 경험 제공은 소비자의 신뢰를 손상시키며 브랜드 이미지에도 부정적 영향을 미친다. 따라서 기업은 공정성(Fairness)을 보장하기 위해 데이터 다양성 확보, 정기적 알고리즘 점검, 윤리감사 시스템을 마련해야 한다.

(3) 소비자 조작과 자율성 침해(Manipulation & Autonomy)

AI는 소비자의 심리 상태, 감정, 구매 패턴을 정밀하게 예측할 수 있다. 그러나 이를 이용해 소비자의 '약점을 자극'하거나 무의식적 결정을 유도하는 방식의 마케팅은 윤리적으로 문제가 된다.

사례로, "오늘만 할인" 같은 강박형 광고나 심리적 취약층을 겨냥한 소비 유도는 소비자 자율성을 침해한다.

AI는 설득의 도구가 아니라, 공감의 도구로 활용되어야 한다.

(4) 인간 중심 설계(Human-Centered Design)

AI가 소비자 경험을 완전히 대체할 수는 없다.

기술이 인간의 감정적 공감, 신뢰, 윤리를 대신할 수 없기 때문이다.

AI 기반 CX 설계는 효율성을 높이되, '인간의 감정과 맥락'을 보완하는 보조적 역할로 자리 잡아야 한다. 궁극적으로 인간 중심의 기술(Human–Centered AI)만이

지속가능한 고객 관계를 만든다.

2) 실무적 고려사항(Practical Considerations)

윤리적 원칙이 가치의 '방향'을 제시한다면, 실무적 고려는 전략의 '실행'을 가능하게 한다. AI를 활용한 소비자 경험 관리를 성공적으로 운영하기 위해서는 다음과 같은 네 가지 실무적 요소가 필수적이다.

(1) 데이터 통합 및 품질 관리(Data Quality & Integration)

옴니채널 환경에서는 소비자 데이터가 여러 시스템에 분산되어 있다.

AI 분석의 정확도를 높이기 위해서는 데이터 정합성(consistency)과 품질 관리가 선행되어야 한다. 기업은 중복, 오류, 불완전한 데이터를 정제하고, 고객 정보 시스템(CRM)과 AI 분석 플랫폼을 통합해야 한다.

(2) 투명한 알고리즘 운영(Explainable AI)

소비자는 자신의 데이터가 어떤 논리로 분석되고, 그 결과가 어떤 영향을

미치는지 이해할 권리가 있다. 이를 위해 설명 가능한 인공지능(XAI: Explainable AI)을 도입하여 추천, 평가, 등급 결정 과정의 기준을 명확히 제시해야 한다. 이는 고객의 신뢰 확보뿐 아니라, 규제 대응에도 중요하다.

(3) 옴니채널 일관성 유지(Omnichannel Consistency)

AI 기반 경험 관리에서 채널 간 경험이 단절되면 소비자는 불편함과 혼란을 느낀다. 사례로, 온라인에서의 맞춤형 추천이 오프라인 매장에서 이어지지 않는다면 브랜드 경험의 통합성이 깨진다.

기업은 모든 접점에서 통일된 데이터와 메시지를 관리해야 한다.

(4) 조직 내 데이터 윤리 문화 정착(Ethical Governance)

기술적 조치만으로는 윤리적 CX를 실현할 수 없다.

기업 내부에 데이터 윤리 위원회나 CX 윤리 가이드라인을 구축하고, 직원 교육을 통해 윤리적 의사결정 문화를 조성해야 한다. 이는 브랜드 평판 관리(Reputation Management)의 핵심 기반이 된다.

기술의 신뢰가 경험의 신뢰를 만든다.

AI는 고객 경험을 정교하게 설계할 수 있는 강력한 도구이지만, 그 힘은 언제나 윤리적 기반 위에서만 정당성을 가진다. 소비자는 더 이상 단순한 데이터 생산자가 아니라, 자신의 정보와 경험을 통해 브랜드의 가치를 공동 창조하는 주체다. 따라서 기업은 기술의 효율성보다 신뢰, 투명성, 인간 중심성을 우선시해야 한다.

AI 시대의 진정한 경쟁력은 "데이터를 잘 쓰는 능력"이 아니라 "데이터를 공정하고 책임 있게 다루는 태도"에 달려 있다.

윤리적 기술이 곧 지속 가능한 고객 경험을 만든다.

그리고 그 신뢰가 브랜드 충성도의 근본적 토대가 된다.

AI 기반 소비자 경험 관리에서는 다음과 같은 윤리적·실무적 고려가 필요하다.

– 데이터 프라이버시: 고객 데이터 수집·활용 시 동의 확보

– 투명성: AI 추천 및 대응 방식 공개
– 편향 최소화: 알고리즘이 특정 고객군을 차별하지 않도록 설계
– 과도한 자동화 경계: 인간적 상호작용 필요성 유지

기업은 이러한 원칙을 지키면서, AI 기술을 고객 경험 향상과 경쟁력 확보에 활용해야 한다.

제5장 케이스 스터디

• 사례: 배달의민족(Baemin)의 AI 주문 예측 및 개인화 경험

배달의 민족은 AI를 활용해 주문 패턴을 분석하고, 고객에게 개인화된 경험을 제공한다.

• AI가 활용하는 데이터

- 음식 종류별 선호도
- 주문 시간대 및 지역 패턴
- 날씨·요일별 주문 변동
- 과거 주문 메뉴 및 재주문 간격
- 배달 거리·배달 시간 예측 데이터

• 실제 개선 사례

- 주문 예측 모델을 통해 가장 주문이 많아질 시간·날씨·지역을 예측함
- 사용자가 자주 주문하는 메뉴를 자동 정렬
- 배달 예상 시간을 AI가 실시간 업데이트
- 최근에는 "개인 취향 기반 맞춤 음식 추천" 기능도 강화

이를 통해 재주문율 상승, 검색 시간 단축, 배달 예측 정확도 향상 등의 결과를 얻었다.

토의 질문

1. AI 기반 CX가 소비자 경험을 어떻게 강화하는가?

2. 옴니채널 경험 설계 시 고려해야 할 요소는 무엇인가?

* 워크시트 활동

활동	내용	학습목표 연계
1.	옴니채널 고객 여정 지도 작성	경험 분석
2.	AI 기반 서비스 개선 아이디어 도출	전략적 사고
3.	감정 분석 활용 방안 토론	실무 적용

〈연구토론 과제〉

AI 기술이 소비자 경험 설계에서 제공하는 주요 가치와 한계는 무엇인가?

옴니채널 경험 관리에서 AI 활용 전략을 어떻게 최적화할 수 있는가?

고객 경험 향상과 데이터 윤리, 프라이버시 보호 간 균형을 어떻게 유지할 것인가?

사례 기반으로 AI 기반 CX 전략이 브랜드 충성도에 미치는 영향 분석

제 6 장

AI 시대의 소비자 행동 예측과 마케팅 전략

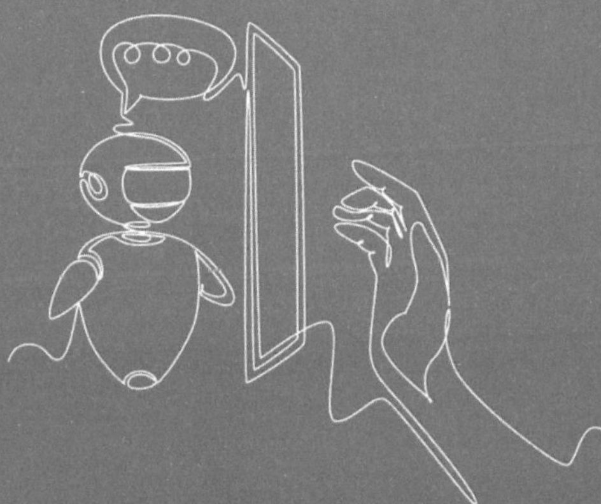

AI 시대의 소비자 행동론

학습목표

AI를 활용한 소비자 행동 예측의 개념과 기법을 이해한다.

소비자 행동 예측 데이터를 마케팅 전략 수립에 적용할 수 있다.

예측 기반 개인화, 가격 전략, 프로모션 전략을 설계할 수 있다.

데이터 기반 마케팅 전략에서 윤리적·법적 고려사항을 평가한다.

핵심용어

행동 예측(Predictive Analytics), 머신러닝(Machine Learning), 추천 알고리즘(Recommendation Algorithm), 가격 차별화(Pricing Strategy), 개인화(Personalization), 캠페인 최적화(Campaign Optimization), 전환율(Conversion Rate), 고객 생애 가치(Customer Lifetime Value), 데이터 윤리, 프라이버시

제 6 장

AI 시대의 소비자 행동 예측과 마케팅 전략

1. 데이터가 그리는 소비 여정, AI가 해석하는 미래 수요

디지털 전환과 데이터 축적은 마케팅의 본질을 바꿔놓았다. 과거에는 표본조사와 경험적 직관으로 소비자를 이해했다면, 이제는 방대한 행동로그와 실시간 신호(signals)를 AI가 분석해 '누가, 언제, 왜, 무엇을' 구매할지 예측한다. 소비자 행동 예측(Predictive Consumer Behavior)은 단순한 추세 파악을 넘어 마케팅 전략을 실시간으로 설계·집행·최적화하는 핵심역량이 되었다.

1) 소비자 행동 예측의 기반

소비자 행동 예측이란 고객의 과거 행동·상호작용 데이터를 기반으로 미래의 행동(구매, 이탈, 반응 등)을 확률적으로 추정하는 과정이다. 이 과정은 다음의 데이터와 기술을 필요로 한다.

데이터: 거래이력, 클릭·검색 로그, 소셜 미디어 활동, CRM 기록, 위치·센서 데이터 등(정형·비정형 혼합)

기술: 기계학습(회귀, 분류, 시계열), 추천 알고리즘, 딥러닝, 강화학습, 자연어 처리(NLP), 시뮬레이션 모델

인프라: 실시간 스트리밍 처리, 데이터 레이크/웨어하우스, MLOps(모델 배포·모니터링) 체계

2) 예측이 가능한 핵심 행동 유형

AI는 다양한 소비자 행동을 예측한다. 실무에서 특히 중요하게 쓰이는 예시는 다음과 같다.

구매 확률(Conversion Probability): 특정 고객이 특정 제품을 구매할 확률

이탈 예측(Churn Prediction): 구독·사용 중단 가능성 예측

고객 생애가치(LTV) 예측: 장기적으로 창출할 예상 수익

반응 예측(Response Modeling): 특정 캠페인·프로모션에 대한 반응 유무

클릭·열람 예측(CTR/Impression): 광고·콘텐츠 노출 후 행동 가능성

제품·카테고리 수요 예측: 재고·공급망 최적화에 활용.

3) 예측 결과를 활용한 마케팅 전략 구성

예측모델은 전략적 의사결정의 입력값이다. 주요 적용 영역과 실행 전술은 다음과 같다.

(1) 정밀 세분화(Precision Segmentation)

예측 점수를 기준으로 고가치 고객, 잠재 탈락자, 재참여 가능 고객 등으로 세분화해 맞춤 전략을 설계한다. 이를 통해 마케팅 자원을 효율적·효과적으로 배분할 수 있다.

(2) 개인화된 고객 접점(Personalized CX)

실시간 예측을 이용해 개인별 콘텐츠·가격·프로모션을 노출한다. 추천 시스템, 동적 가격, 개인화 이메일/앱 푸시가 대표적 전술이다.

(3) 이탈 방지(Preventive Retention)

이탈 예측 모델로 위험 고객을 조기 식별하고, 맞춤형 인센티브·서비스(전담 상담, 특별 할인, 재활성 캠페인)를 제공해 이탈을 낮춘다.

(4) 캠페인 최적화(Optimization)

광고 예산을 고객별 전환 가능성에 맞춰 배분(예: 예산을 전환 확률 높은 세그먼트에 집중)하거나, A/B 테스트를 자동화해 최적 메시지를 도출한다.

(5) 제품·채널 전략(Product & Channel)

예측 수요를 바탕으로 신제품 론칭 시 초기 타깃을 선정하거나, 채널별 재고·프로모션 배분을 최적화한다.

4) 실무 운영: 모델에서 가치로 전환하기

예측 모델을 실제 마케팅 성과로 연결하려면 기술적·조직적 준비가 필요하다.

데이터 파이프라인 구축: 실시간 데이터 수집→정제→라벨링→모델업데이트 루프를 자동화

MLOps 및 모니터링: 모델 성능(정확도, 리프트, 오프라인↔온라인 갭) 모니터링, 재학습 규칙 수립

A/B·옴니채널 실험 설계: 예측대상 그룹과 통제그룹을 명확히 해 인과효과를 검증

성과 지표 설계: 단기(CTR, CVR, CAC)·중장기(LTV, Retention, NPS) 지표를 함께 추적

조직적 합의: 데이터 과학팀·마케팅·영업·제품팀 간 KPI 및 의사결정 권한 정립

5) 한계와 윤리적·법적 고려

AI 예측은 강력하지만 함정도 존재한다.

데이터 편향: 과거의 불균형한 데이터는 편향된 예측을 낳아 특정 집단에 불리한 결과를 초래할 수 있다.

과적합·개념변화(Concept Drift): 소비자 행동 패턴은 시간에 따라 바뀌므로 모델 업데이트가 필수다.

프라이버시·규제 준수: 개인정보보호 규정(GDPR 등)에 따른 동의, 목적제한, 데이터 최소화 원칙 준수 필요.

소비자 자율성 침해 우려: 과도한 개인화는 조작(pervasive nudging)으로 인식될 수 있으므로 투명성과 설명성 필요.

설명 가능성(Explainability): 마케팅 결정을 뒷받침할 수 있도록 모델의 근거를 설명 가능한 수준으로 제공해야 한다(XAI).

6) 권장 실행 로드맵(실무 플레이북)

- 핵심 질문 정의: 예측으로 해결할 비즈니스 문제(이탈, 캠페인 성과 향상 등) 우선순위화.
- 데이터 준비: 관련 데이터 소스 인벤토리 작성, 품질 이슈 해결.
- 파일럿 모델: 간단한 분류/회귀 모델을 빠르게 배포해 실험.
- 성과 검증: 통제 실험(A/B)으로 모델 효과 검증 후 확장.
- 운영화: MLOps 도입으로 자동화, 실시간 활용 루틴 확립.
- 윤리 거버넌스: 개인정보·알고리즘 감사, 이용자 고지 및 동의 절차 마련.

AI 기반 소비자 행동 예측은 마케팅의 효율성과 효과를 획기적으로 높여준다. 그러나 예측 그 자체가 목적이 되어서는 안 된다. 진짜 가치는 예측으로 얻은 통찰을 바탕으로 소비자와의 신뢰 가능한 관계를 설계하고 장기적 가치를 창출하는 데 있다. 기술적 정교함과 윤리적 책임성의 균형이야 말로 AI 시대 마케팅 전략의 성공 열쇠다.

2. 소비자 행동 예측의 개념

데이터로 미래를 읽는 마케팅의 지능화

1) 소비자 행동 예측의 의미

소비자 행동 예측(Predictive Consumer Behavior)이란, 과거의 소비 패턴과 현재의 행동 데이터를 분석하여 미래의 소비자 행동을 확률적으로 추정하는 과정을 말한다. 이는 소비자가 앞으로 어떤 제품을 구매할지, 어떤 브랜드를 선호할지, 언제 서비스를 이탈할지 등을 미리 예측함으로써 기업이 선제적으로 대응할 수 있도록 돕는 전략적 의사결정의 핵심이다.

과거의 마케팅은 주로 '사후적 분석(post-analysis)'에 머물러 있었다. 판매 실적이나 설문 데이터를 기반으로 소비자 행동을 사후적으로 해석하는 수준이었다면, 오늘날의 예측은 실시간 데이터를 이용해 '사전적 예측(preemptive prediction)'과 '선제적 대응(proactive strategy)'을 가능하게 한다.

즉, 소비자 행동 예측은 단순히 "무엇을 사는가"를 분석하는 것이 아니라 "왜, 언제, 어떤 맥락에서 사는가"를 이해하고, 나아가 "무엇을 살 가능성이 높은가"를 수학적·통계적으로 예측하는 과정이다.

소비자 행동 예측은 경제학, 심리학, 통계학, 데이터 과학이 결합된 개념이다.

행동경제학적 관점에서는 인간의 선택이 완전 합리적이지 않으며, 편향(bias)과 휴리스틱(heuristic)에 따라 달라진다고 본다. 예측 모델은 이러한 비합리적 요인까지 데이터를 통해 학습한다.

정보 처리 이론적 관점에서는 소비자의 의사결정이 인지적 처리 과정의 결과물로 보며, 데이터 분석은 그 과정의 패턴을 정량화하려는 시도이다.

마케팅 분석 관점에서는 예측 모델을 통해 세분화(segmentation), 타깃팅(targeting), 포지셔닝(positioning) 전략을 정밀하게 설계할 수 있다.

이처럼 소비자 행동 예측은 단순히 데이터 분석의 기술이 아니라, 소비자 심리와 시장 환경을 해석하는 인문 사회적 통찰과 기술적 분석이 융합된 영역이다.

2) 주요 예측 대상 행동

소비자 행동 예측이 다루는 대표적인 변수들은 다음과 같다.
구매 의도(Purchase Intention): 소비자가 특정 제품을 구매할 가능성.
이탈 가능성(Churn Probability): 서비스나 브랜드를 떠날 가능성.
고객 생애가치(Lifetime Value): 고객이 장기적으로 창출할 수 있는 총수익.
반응 예측(Response Prediction): 특정 광고나 캠페인에 대한 반응 여부.
수요 예측(Demand Forecasting): 제품·카테고리 수준의 수요 변동 예측.

이러한 예측은 마케팅 예산 배분, 프로모션 시기 결정, 신규 고객 확보, 고객 유지 전략 등 실무적 의사결정에 직접 활용된다.

3) 소비자 행동 예측의 의의

소비자 행동 예측의 가장 큰 가치는 "불확실성을 줄이는 것"이다.
기업은 예측을 통해 다음과 같은 효과를 얻는다.

- 마케팅 효율성 제고: 잠재구매 가능성이 높은 고객군에 집중하여 자원 낭비를 최소화.
- 고객 경험 개선: 개인화된 추천, 맞춤형 프로모션으로 고객 만족도 향상.
- 리스크 관리: 고객 이탈이나 시장 변화에 대한 조기경보 시스템 구축.
- 전략적 의사결정 지원: 수요 예측 기반의 재고관리·가격정책 최적화.

즉, 예측은 단순한 '통계적 계산'이 아니라, 데이터를 통해 소비자와의 관계를 이해하고 신뢰 기반의 마케팅을 실현하는 지능적 도구이다.

소비자 행동 예측은 AI와 데이터 분석 기술이 결합된 디지털 마케팅의 핵심 축이다. 이제 마케팅은 과거의 직관적 판단에서 벗어나, 데이터를 기반으로 소비자의 미래를 미리 그려보는 예측적 사고(Predictive Thinking)로 이동하고 있다. 그러나 동시에 기업은 기술적 효율만이 아니라 윤리적 투명성, 데이터 보호, 인간 중심의 경험 설계를 함께 고려해야 한다.

즉, 소비자 행동 예측은 “예측의 정확성”보다 “예측을 통한 신뢰 형성”이 더 중요한 시대적 과제인 것이다.

AI 기반 소비자 행동 예측(Predictive Consumer Behavior Analytics)은 과거 행동 데이터를 분석하여, 미래 구매 가능성, 선호도, 반응 패턴을 추정하는 과정이다(Smith & Rupp, 2020).

- 예측 대상: 구매 확률, 재구매 주기, 이탈 가능성, 브랜드 전환
- 데이터 원천: 구매 기록, 검색·조회 기록, 소셜미디어 활동, 리뷰, 앱 사용 데이터
- 활용 목적: 맞춤형 마케팅, 효율적 자원 배분, 고객 만족도 향상

행동 예측은 단순 통계적 분석을 넘어 머신러닝과 딥러닝 기반 모델을 활용하여 복잡한 소비자 패턴까지 정밀하게 추론한다.

3. 예측 분석 기법과 마케팅 적용

AI 기반 소비자 행동 이해와 전략적 활용

1) 예측 분석(Predictive Analytics)의 개념

예측 분석은 과거와 현재의 데이터를 기반으로 미래 행동, 수요, 경향을 통계적·기계학습적 방법으로 추정하는 과정이다.

마케팅 분야에서는 소비자가 어떤 제품을 구매할지, 언제 이탈할 가능성이 높은지, 어떤 캠페인에 반응할지 등을 사전에 예측함으로써 자원 배분, 고객 관리, 전략적 의사결정에 활용된다.

예측 분석의 핵심 특징은 다음과 같다.

- 데이터 기반: CRM, 웹 로그, 거래 기록, 소셜 미디어, 센서 데이터 등.
- 확률적 예측: 단순 추세가 아니라 행동 가능성을 확률로 표현.
- 행동 연계: 예측 결과가 마케팅 전략 실행으로 연결됨.

2) 주요 예측 분석 기법

(1) 통계 기반 기법

회귀분석(Regression Analysis)

독립 변수와 종속 변수 간 관계를 수치화해 미래 행동 예측.

예: 고객 연령·소득·검색 횟수 기반 구매 금액 예측.

로지스틱 회귀(Logistic Regression)

결과가 이진형(예: 구매/미구매, 이탈/유지)일 때 확률 예측.

예: 특정 프로모션 반응 여부 예측.

시계열 분석(Time Series Analysis)

과거 데이터의 추세·계절성·주기성을 분석해 미래 수요 예측.

예: 계절별 신제품 수요 예측, 매출 예측.

(2) 기계학습 기반 기법

의사결정나무(Decision Tree) 및 랜덤포레스트(Random Forest)

복잡한 변수 관계를 시각적으로 표현, 다변량 예측 가능.

예: 고객 세그먼트별 구매 가능성 예측.

서포트 벡터 머신(SVM)

분류 문제에 강점, 고차원 데이터에서 예측 정확도 높음.

예: 이메일 마케팅 클릭/비클릭 예측.

신경망(Neural Networks) 및 딥러닝(Deep Learning)

비선형 패턴과 대규모 데이터를 학습 가능.

예: 개인화 추천 시스템, 이미지·텍스트 기반 행동 예측.

(3) 강화학습(Reinforcement Learning)

환경과 상호작용하며 행동 전략을 학습.

예: 실시간 광고 배치 최적화, 고객 유입 경로 최적화.

(4) 자연어 처리(NLP, Text Mining)

고객 리뷰, 소셜미디어, 채팅 기록 등 비정형 텍스트 분석.

예: 감정 분석을 통한 제품 만족도 예측, 브랜드 평판 관리.

3) 마케팅 적용 사례

(1) 개인화 마케팅(Personalized Marketing)

예측 분석을 활용해 고객별 구매 가능성, 관심 상품, 최적 가격을 산출.

예: 아마존, 넷플릭스 추천 시스템 → 개인 맞춤형 콘텐츠/제품 노출.

(2) 고객 이탈 방지(Churn Prevention)

이탈 확률이 높은 고객을 사전에 식별하고 맞춤형 인센티브 제공.

예: 통신사 → 요금제 할인·포인트 제공, OTT → 맞춤형 콘텐츠 추천.

(3) 캠페인 최적화(Campaign Optimization)

AI 모델이 캠페인 타깃, 메시지, 채널별 반응 확률 예측.

예: 이메일·푸시 알림 발송 최적화, 광고 예산 재배치.

(4) 수요 예측(Demand Forecasting)

시계열 분석과 머신러닝을 활용한 상품 수요·재고 관리.

예: 계절별 패션, 신제품 론칭, 프로모션 재고 최적화.

(5) 가격 전략(Dynamic Pricing)

고객 행동과 경쟁사 데이터를 분석해 실시간 가격 조정.

예: 이커머스, 항공사, 호텔 → 수요 기반 가격 최적화.

4) 전략적 활용 포인트

데이터 통합과 품질 확보: 다양한 채널 데이터를 정제·통합해야 예측 정확도 향상.

모델 검증과 모니터링: A/B 테스트, KPI 추적, 오프라인–온라인 성능 비고 필요.

개인화와 프라이버시 균형: 맞춤형 추천 제공과 동시에 개인정보 보호·투명성 확보.

옴니채널 경험 연계: 온라인·오프라인·모바일 등 모든 채널에서 예측 결과 반영.

조직 내 협업: 데이터 과학팀, 마케팅팀, 운영팀 간 실시간 피드백 체계 필요.

예측 분석은 AI 시대 마케팅 전략의 심장과 같다.

데이터 기반으로 소비자 행동을 미리 이해하고, 최적의 메시지와 서비스를 제공함으로써 마케팅 효율성과 고객 경험을 동시에 극대화할 수 있다. 그러나 기술의 정교함만으로는 충분하지 않다.

윤리적 데이터 활용, 소비자 신뢰 확보, 인간 중심 설계까지 함께 고려할 때, 예측 분석은 단순한 미래 추정이 아니라 장기적 관계와 충성도를 만드는 전략적 도구로 작동한다.

4. 가격 전략과 프로모션 최적화

AI 시대 마케팅의 정교화와 실시간 의사결정

1) 가격 전략(Pricing Strategy)의 의미

가격 전략은 단순히 제품이나 서비스의 가격을 정하는 행위가 아니라, 시장 수요, 경쟁 상황, 소비자 심리, 브랜드 가치, 수익 목표를 종합적으로 고려해 가격을 설계하는 경영 활동이다.

AI와 빅데이터 기술의 발전으로, 가격 결정은 이제 실시간 예측과 동적 최적화가 가능한 정교한 의사결정 과정으로 전환되었다.

2) AI 기반 가격 전략의 핵심 원리

(1) 수요 기반 가격(Demand Based Pricing)

AI가 과거 구매 데이터, 계절적 요인, 소비자 반응 데이터를 분석하여 제품이나 서비스의 수요 탄력성을 예측.

예: 날씨, 이벤트, 트렌드 변화에 따른 실시간 가격 조정.

(2) 개인화 가격(Personalized Pricing)

고객 세그먼트별 구매력, 관심도, 이전 구매 이력 등을 활용해 개인 맞춤 가격 제공 가능.

예: 이커머스 플랫폼이 특정 소비자에게 맞춤 할인 쿠폰 제공.

(3) 경쟁 기반 가격(Competitive Pricing)

실시간 경쟁사 가격과 시장 동향 분석 후 자동 가격 조정.

예: 항공권, 호텔 예약 사이트에서 경쟁사 요금 대비 최적 가격 설정.

(4) 동적 가격(Dynamic Pricing)

AI 모델이 수요, 재고, 시간, 경쟁, 고객 반응을 통합 분석하여 실시간 가격 변경.

예: 쇼핑몰, 음식 배달, 공연 티켓, 모빌리티 요금 등.

3) 프로모션 최적화(Promotion Optimization)의 의미

프로모션 최적화는 마케팅 캠페인과 할인, 쿠폰, 이벤트, 광고 활동을 통해 최대 효과를 내도록 설계하는 과정을 말한다.

AI는 누구에게, 언제, 어떤 채널에서, 어떤 형태의 프로모션을 제공할지를 실시간 데이터와 예측 분석을 통해 결정한다.

4) AI 기반 프로모션 최적화 기법

(1) 고객 세그먼트별 타깃팅

예측 분석으로 반응 가능성이 높은 고객군 식별.

예: 재구매 가능성이 높은 VIP 고객에게만 맞춤 할인 제공.

(2) 프로모션 채널 최적화

이메일, 앱 푸시, SMS, 소셜 미디어 등 채널별 성과 데이터 분석.

예: 특정 고객층은 푸시 알림 반응이 높고, 다른 고객층은 이메일이 효과적임.

(3) 프로모션 시기와 기간 최적화

시계열 분석과 AI 모델을 통해 최적 프로모션 시점과 기간 결정.

예: 특정 요일·시간대, 계절 이벤트, 판매 목표 달성 시점에 맞춘 프로모션.

(4) 예산 배분 최적화

프로모션 ROI를 예측하고, 예산을 성과 기반으로 재분배.

예: 전환율이 높은 캠페인에 더 많은 광고비 배정.

5) 가격과 프로모션 통합 전략

AI를 활용하면 가격 전략과 프로모션을 별도 활동이 아니라 통합적 마케팅 전략으로 설계할 수 있다.

시나리오 기반 최적화: 가격 변화가 프로모션 효과와 매출에 미치는 영향을 시뮬레이션.

고객 라이프사이클 연계: 신규 고객 유입, 재구매, 충성 고객 유지 단계별로 가격·프로모션 전략 차별화.

옴니채널 연계: 온라인·오프라인 가격과 프로모션 일관성을 유지해 소비자 경험 강화.

5. 실무적 고려사항

- 데이터 품질과 통합: 가격·판매·재고·고객 데이터의 정확성 확보.
- 모델 검증과 업데이트: 예측 모델 성능을 지속적으로 모니터링, 계절성·트렌드 변화 반영.
- 윤리적·규제 고려: 개인정보 보호, 차별적 가격 책정 방지, 가격 담합 규제 준수.
- 투명성 확보: 소비자가 가격·할인 이유를 이해할 수 있도록 안내.
- ROI 중심 실행: 단기 매출뿐 아니라 장기 고객 가치(LTV)를 고려한 전략 수립.

AI 기반 가격 전략과 프로모션 최적화는 마케팅 효율성과 고객 경험을 동시에 극대화할 수 있는 강력한 도구다.

가격과 프로모션을 실시간 데이터와 예측 분석으로 설계하면, 기업은 단순한 할인 경쟁을 넘어 맞춤형, 상황별, 효율적 마케팅을 실행할 수 있다.

그러나 기술적 정교함과 동시에 윤리적 책임, 소비자 신뢰, 인간 중심 설계가 병행될 때, AI 시대의 마케팅 전략은 지속가능한 경쟁력을 확보할 수 있다.

6. 캠페인 최적화와 실시간 마케팅

AI 기반 행동 예측은 캠페인 최적화(Campaign Optimization)와 실시간 마케팅(Real-time Marketing)을 가능하게 한다.

실시간 타깃팅: 웹·앱 방문, 클릭 행동 데이터 기반 맞춤 광고 제공

반응 분석: 클릭률, 구매 전환율, 참여율 등 실시간 분석

자동 조정: 캠페인 중간 성과에 따라 메시지·가격·추천 제품 자동 조정

이 방식은 마케팅 효율을 극대화하고, 소비자의 경험을 개선한다.

1) 캠페인 최적화(Campaign Optimization)의 의미

캠페인 최적화란 마케팅 활동에서 목표 달성률을 극대화하기 위해 캠페인의 대상, 메시지, 채널, 시기, 예산 등을 체계적으로 설계·조정하는 과정을 말한다.

AI 시대에는 소비자 데이터를 실시간으로 분석하여 각 캠페인의 효과를 사전에 예측하고, 실행 중에도 동적으로 조정하는 것이 가능해졌다.

즉, 캠페인 최적화는 단순한 광고 집행이 아니라, 데이터 기반 의사결정과 AI 모델을 활용한 전략적 실행을 포함하는 과정이다.

2) AI 기반 캠페인 최적화 기법

(1) 고객 세그먼트 기반 타깃팅

과거 행동 데이터와 예측 분석을 활용해 잠재 전환 가능성이 높은 고객군 식별.

예: VIP 고객, 이탈 가능 고객, 신규 관심 고객별 맞춤 메시지 전달.

(2) 메시지 개인화(Personalized Messaging)

고객 성향, 행동 이력, 선호 콘텐츠를 분석해 가장 효과적인 메시지 유형과 콘텐츠 형식 결정.

예: 이메일 제목, 광고 카피, 앱 푸시 알림 내용 자동 최적화.

(3) 채널별 최적화(Channel Optimization)

이메일, SNS, 앱 푸시, 웹 배너 등 다양한 채널의 반응 데이터를 분석하여 ROI가 높은 채널에 집중.

예: 특정 고객은 푸시 알림 반응이 높고, 다른 고객은 이메일이 효과적임.

(4) 시기 및 빈도 최적화

AI 모델이 고객의 활동 패턴, 시간대, 계절성 데이터를 분석해 최적 발송 시점과 빈도 결정.

예: 구매 전환 가능성이 높은 시간대에 할인 알림 발송.

(5) 예산 배분 최적화

캠페인별 전환율, 고객 생애가치(LTV), 광고 비용 데이터를 기반으로 예산을 자동 배분.

예: 높은 전환 가능성이 예상되는 세그먼트에 광고비 집중.

3) 실시간 마케팅(Real-Time Marketing)의 의미

실시간 마케팅은 고객의 행동과 상황을 즉시 파악하고, 그 순간에 맞는 메시지나 제안을 제공하는 전략이다.

AI와 IoT, 모바일 기술을 활용하면 소비자의 행동 데이터를 실시간으로 분석하고 즉각적인 대응이 가능하다.

예: 웹사이트에서 특정 상품 페이지를 보는 고객에게 즉시 맞춤 할인 쿠폰 제공.

예: 오프라인 매장에서 앱과 센서 데이터를 연동해 방문 고객에게 실시간 프로모션 알림.

4) 실시간 마케팅과 캠페인 최적화의 결합

AI 시대에는 캠페인 최적화와 실시간 마케팅이 상호 보완적으로 작동한다.

사전 예측+실시간 조정: 캠페인 설계 단계에서 AI가 전환 가능성을 예측하고, 실행중에는 실시간 데이터를 통해 메시지·채널·가격·프로모션을 조정.

옴니채널 연계: 온라인과 오프라인 채널에서 동일 고객의 행동 데이터를 통합 분석하여, 통일된 마케팅 경험 제공.

성과 기반 자동화: 클릭, 구매, 반응 데이터가 실시간으로 반영되어 캠페인의 메시지, 예산, 발송 빈도가 자동 조정.

5) 실무적 고려사항

데이터 수집·통합: CRM, 웹·앱 로그, 소셜 미디어, 위치 데이터 등 다양한 실시간 데이터 통합 필수.

모델 성능 검증: 실시간 예측 모델의 정확도와 안정성을 지속적으로 모니터링.

윤리적·법적 준수: 개인화·실시간 대응 과정에서 개인정보보호법, 광고 규제 준수.

성과 지표 설계: CTR, CVR, 전환율, ROI 등 단기·장기 성과 지표를 동시에 추적.

조직 간 협업: 데이터 과학팀, 마케팅팀, 운영팀 간 실시간 피드백 체계 필요.

캠페인 최적화와 실시간 마케팅은 AI 시대 정밀 마케팅의 핵심 축이다.

예측 분석과 실시간 데이터 처리 능력을 결합하면, 기업은 고객 행동 변화에 즉각 대응하며, 효율성과 개인화된 경험을 동시에 극대화할 수 있다.

그러나 기술적 실행력만으로는 충분하지 않다. 데이터 품질, 윤리적 책임, 소비자 신뢰까지 고려할 때, AI 기반 마케팅 전략은 지속가능성과 장기적 경쟁력을 확보할 수 있다.

7. 윤리적·법적 고려사항

예측 기반 마케팅은 개인정보 활용과 데이터 편향 가능성을 내포한다.

데이터 프라이버시 보호: 소비자 동의, 익명화 처리

알고리즘 편향 최소화: 특정 집단 차별 방지

투명성 확보: 예측 기반 마케팅 원리 공개

책임 있는 활용: 과도한 개인화로 인한 선택 제한 방지

기업은 이러한 요소를 고려하여 신뢰 기반 데이터 마케팅 전략을 설계해야 한다.

데이터 기반 마케팅에서 신뢰와 책임 확보

1) 배경

AI와 빅데이터를 활용한 캠페인 최적화와 실시간 마케팅은 마케팅 효율성과 고객 경험 극대화를 가능하게 한다.

하지만 실시간 고객 데이터 수집, 개인화 메시지 제공, 동적 가격과 프로모션 실행은 소비자의 프라이버시, 공정성, 선택권에 직접적인 영향을 미친다. 따라서 기업은 기술적 효과와 더불어 윤리적·법적 책임을 동시에 고려해야 한다.

2) 윤리적 고려사항

(1) 개인정보 보호

실시간 행동 데이터, 위치 정보, 구매 이력 등 민감 데이터를 활용할 때 동의 기반 수집이 필수.

최소 수집 원칙(Data Minimization): 목적 달성에 필요한 데이터만 수집.

예: 고객의 동의 없이 위치 기반 맞춤 알림을 보내는 것은 프라이버시 침해 가능.

(2) 투명성과 설명 가능성

개인화 캠페인과 추천의 근거를 소비자가 이해할 수 있도록 공개.

예: AI 기반 할인 제공, 맞춤 메시지, 가격 조정의 이유를 명확히 안내.

(3) 차별적 대우 방지

예측 모델이 특정 집단을 과도하게 배제하거나 불리하게 처리하지 않도록 편향(Bias) 점검 필요.

예: 특정 연령대, 지역, 성별에 맞춤 가격을 다르게 책정할 경우 법적·윤리적 문제 발생 가능.

(4) 과도한 행동 조작 방지

실시간 개인화 메시지가 소비자 행동을 과도하게 유도(nudging)하거나 조작하지 않도록 주의.

예: 반복적 푸시 알림으로 구매를 강제하거나 스트레스 유발.

3) 법적 고려사항

(1) 개인정보보호법 및 규제 준수

GDPR(유럽), CCPA(미국), 국내 개인정보 보호법 등 국가별 법규 준수 필요.
동의 기반 수집, 목적 제한, 보관 기간 준수, 데이터 삭제 권리 제공.

(2) 광고 및 마케팅 관련 법률

표시·광고법, 전자상거래법 등 광고 내용 및 프로모션 운영 관련 규제 준수.
예: 할인율·쿠폰 안내의 허위·과장 금지, 청약철회 안내 의무 준수.

(3) 가격·경쟁 규제

동적 가격, 개인별 맞춤 가격 적용 시 가격 담합, 불공정 경쟁 문제가 없는지 검토.

예: 특정 고객군에게만 과도한 가격 인상 적용 시 법적 분쟁 소지.

(4) 데이터 보안

실시간 데이터 처리 및 저장 과정에서 보안 침해 및 정보 유출 방지 필수.
예: 클라우드 기반 실시간 마케팅 플랫폼에서 개인정보 유출 사고 발생 시 법적 책임 발생.

4) 실무적 권장 가이드라인

투명한 데이터 정책: 수집 목적, 활용 범위, 보관 기간, 소비자 권리 명확히 안내.

동의 기반 데이터 활용: 실시간 마케팅 대상, 맞춤 메시지, 가격 전략 모두 동의 확인 후 실행.

편향·차별 점검: 모델 학습 데이터와 결과 분석에서 특정 집단 편향 여부 정기 점검.

행동 조작 최소화: 과도한 푸시 알림, 가격 강제, 강압적 프로모션 자제.

규제 준수 모니터링: 개인정보보호, 광고법, 경쟁법 관련 최신 규제 반영.

보안 강화: 실시간 데이터 처리 시스템에 대한 암호화, 접근 통제, 로그 관리.

AI 기반 캠페인 최적화와 실시간 마케팅은 효율성과 개인화 경험을 극대화하는 강력한 도구다. 하지만 기술적 정교함만으로는 충분하지 않다.

윤리적·법적 책임을 확보하지 못하면, 소비자 신뢰 손상, 법적 분쟁, 브랜드 가치 하락으로 이어질 수 있다.

따라서 투명성, 공정성, 개인정보 보호, 소비자 권리 존중을 중심으로 설계할 때, AI 기반 마케팅 전략은 지속가능성과 장기적 경쟁력을 확보할 수 있다.

제 6 장 케이스 스터디

- 사례: 넷플릭스 개인화 추천 + 캠페인 최적화

  행동 예측 기반 맞춤형 콘텐츠, 프로모션, 알림 최적화

토의 질문

1. 예측 기반 마케팅이 전환율과 충성도에 미치는 영향은?

2. 개인화 가격 전략에서 발생할 수 있는 윤리적 문제는?

* 워크시트 활동

활동	내용	학습목표 연계
1.	예측 모델 기반 소비자 행동 지도 작성	분석 능력
2.	캠페인 최적화 방안 설계	전략적 사고
3.	윤리적 고려사항 검토	윤리적 사고

〈연구토론 과제〉

AI 기반 소비자 행동 예측이 마케팅 전략 수립에 미치는 주요 장점과 위험은 무엇인가?

동적 가격 전략과 개인화 프로모션을 설계할 때 고려해야 할 소비자 경험 요인은?

행동 예측 데이터를 활용한 마케팅에서 윤리적·법적 문제를 최소화하는 방법은 무엇인가?

사례 분석을 통해 AI 예측 기반 마케팅 전략의 성과를 평가하라.

제 7 장

AI 시대 소비자 행동 연구와 미래 전망

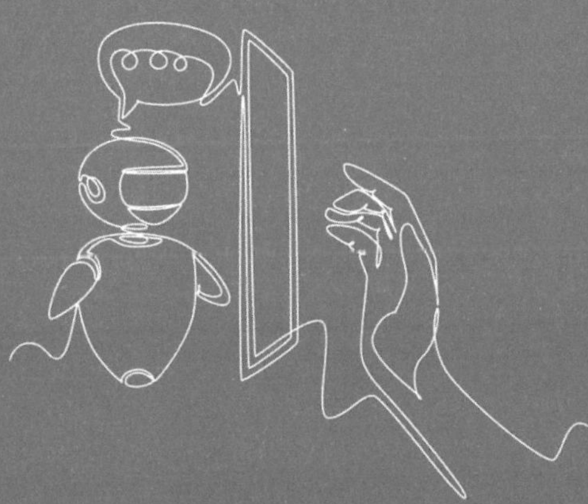

AI 시대의 소비자 행동론

학습목표

AI 시대 소비자 행동 연구의 최근 동향과 주요 연구 방법을 이해한다.
디지털 환경과 AI 기술 변화가 소비자 행동 연구에 미치는 영향을 분석할 수 있다.
미래 소비자 행동 변화 예측과 마케팅 전략적 시사점을 도출할 수 있다.
학문적 연구와 실무적 적용 간 균형을 평가한다.

핵심용어

AI 소비자 행동 연구, 디지털 분석(Digital Analytics), 실험 연구(Experimental Research), 행동 추적(Behavioral Tracking), 예측 모델링(Predictive Modeling), 소비자 경험 혁신, 플랫폼 경제, 지속가능 마케팅, 윤리적 AI, 미래 트렌드

제 7 장

AI 시대 소비자 행동 연구와 미래 전망

21세기 초반부터 AI, 빅데이터, IoT, 디지털 플랫폼 등 기술적 혁신은 소비자 행동 연구의 패러다임 자체를 변화시켰다.

전통적 소비자 연구는 설문조사, 인터뷰, 관찰 등 정적·표본 기반 데이터에 의존했으나, AI 시대에는 실시간 행동 데이터와 예측 분석을 통해 소비자의 복잡한 행동 패턴과 심리를 정밀하게 이해할 수 있다.

즉, 소비자는 단순한 구매 주체가 아니라 데이터 생산자이자 경험 생성자로 자리 잡았다.

1. AI 시대 소비자 행동 연구의 특징

AI 시대 소비자 행동 연구는 전통적 설문조사와 실험 연구를 넘어, 디지털 행동 데이터를 중심으로 분석되는 특징이 있다.

- 데이터 기반 연구: 실시간 로그, SNS, 모바일 앱, IoT 센서 데이터 활용
- 예측적 분석 중심: 구매 가능성, 브랜드 전환, 반응 패턴 등 예측
- 개인화 및 미세 세분화: 개별 소비자 행동까지 세밀하게 분석

이러한 연구는 마케팅 전략 수립, 제품 개발, 고객 경험 설계 등 실무적 의사결정에 직접적 영향을 준다.

(1) 방대한 데이터 처리

거래 기록, 웹·앱 로그, 소셜 미디어, 위치 데이터 등 정형·비정형 데이터를 통합 분석.

과거에는 불가능했던 다변량 상관관계, 복잡한 행동 패턴 분석 가능.

(2) 예측과 개인화

머신러닝, 딥러닝 등 AI 기법을 활용해 개인화 추천, 구매 가능성 예측, 이탈 방지 등 실시간 전략 수립 가능.

소비자 경험 관리(CX)와 마케팅 전략의 효율성이 극대화됨.

(3) 행동-심리 연계 연구

감정 분석, 텍스트 마이닝, 이미지 분석을 통해 소비자의 심리·태도·감정 상태를 정량화.

제품 개발, 브랜딩, 광고 전략 설계 등 심층적 의사결정에 활용 가능.

(4) 옴니채널 통합 분석

온라인·오프라인·모바일 등 모든 접점에서의 행동 데이터 통합.

일관된 고객 경험 제공과 채널별 전략 최적화 가능.

2. 연구 방법론과 접근 방식

미래 소비자 행동 연구의 방향

(1) 예측 분석 강화

AI 모델은 과거 행동뿐 아니라 환경 변화, 트렌드, 사회적 요인까지 통합 분석 가능.

향후 소비자의 선호 변화, 제품 수용 가능성, 브랜드 충성도 변화 예측의 정확도가 더욱 높아질 전망.

(2) 실시간 마케팅과 행동 개입 연구

실시간 데이터 기반 즉각적 행동 개입(Real-Time Intervention) 연구가 활성화될 전망.

예: 실시간 프로모션, 가격 전략, 메시지 최적화 등 소비자 행동 변화 촉진 연구.

(3) 윤리적·사회적 영향 연구

개인화·실시간 마케팅, 가격 차별화, 추천 시스템 등 AI 마케팅의 사회적 영향과 윤리적 문제 연구 필요.

소비자 신뢰, 프라이버시, 차별 방지, 데이터 거버넌스 등 법적·윤리적 고려가 필수적.

(4) 인간 중심 AI 연구

AI 모델은 소비자를 단순한 데이터 포인트가 아닌 감정, 경험, 맥락을 이해하는 주체로 바라보는 방향으로 발전.

인문학, 심리학, 사회학 등 다학제적 접근이 결합될 전망.

(5) 지속가능성 및 사회적 가치 연계

ESG, 사회적 책임, 지속가능성 관점에서 AI 기반 소비자 행동 연구가 기업의 전략적 의사결정과 연계될 전망.

소비자 행동 데이터를 활용해 사회적 가치 창출과 기업 책임 경영 모델 구축 가능.

AI 시대의 소비자 행동 연구는 정량적 데이터 분석과 인간 중심적 이해를 결합하는 방향으로 진화하고 있다.

미래 연구는 단순히 소비자의 행동을 예측하는 수준을 넘어, 사회적·윤리적 책임을 고려하며, 인간 중심의 맞춤형 경험과 전략을 설계하는 데 초점을 맞출 것이다.

결국 AI 기반 소비자 행동 연구는 기업 경쟁력 향상, 소비자 만족 극대화, 지속가능한 사회적 가치 창출을 동시에 달성할 수 있는 필수적 도구로 자리잡을 것이다.

연구 방법론 선택은 연구 목적, 데이터 접근성, 실무 적용성에 따라 달라진다.

3. 미래 소비자 행동 변화 예측

1) AI 시대 마케팅 전략과 소비자 이해

4차 산업혁명과 AI, 빅데이터 기술의 발전은 소비자 행동 연구를 근본적으로 변화시켰다.

과거에는 설문, 인터뷰, 관찰 등 제한적 데이터에 의존했으나, 이제는 실시간 거래, 소셜미디어, 앱 사용 로그 등 방대한 데이터를 분석하여 소비자의 미래 행동을 예측할 수 있다.

미래 소비자 행동 변화 예측은 기업이 맞춤형 마케팅 전략, 신제품 개발, 가격·프로모션 정책을 설계하는 데 핵심적 역할을 한다.

AI와 디지털 혁신이 소비자 행동에 미치는 주요 변화는 다음과 같다.

초개인화 소비 강화: 맞춤형 추천, 개인화 가격, 개인화 프로모션

즉각적 의사결정: 실시간 정보 제공으로 구매 의사결정 속도 증가

참여적·공유적 소비: 리뷰, SNS 공유, UGC(User Generated Content) 참여 확대

플랫폼 중심 경험: 플랫폼 생태계 내에서 통합적 경험 형성

윤리·프라이버시 고려: 소비자 권리와 신뢰 유지 중요성 강화

기업은 이러한 변화를 기반으로 적응형 마케팅 전략과 혁신적 경험 설계를 준비해야 한다.

2) AI 기반 미래 행동 예측 기법

(1) 예측 분석(Predictive Analytics)

과거 데이터와 현재 데이터를 기반으로 미래 구매 가능성, 선호도, 이탈 가능성을 확률로 추정.

회귀분석, 로지스틱 회귀, 시계열 분석 등 통계적 기법과 머신러닝 결합.

(2) 머신러닝(Machine Learning)

의사결정나무, 랜덤포레스트, 신경망 등 복잡한 변수 간 관계 학습.

예: 특정 연령대와 관심사 기반 상품 추천, 구매 시점 예측.

(3) 자연어 처리(NLP)와 감정 분석

소셜미디어, 리뷰, 채팅 데이터를 분석하여 소비자 감정, 트렌드, 브랜드 평판 예측.

예: 제품 만족도 변화, 신규 트렌드 확산 예측.

(4) 강화학습(Reinforcement Learning)

소비자 행동에 대한 실시간 반응 데이터를 학습하여 최적 행동 전략 제안.

예: 실시간 가격, 프로모션, 광고 메시지 조정.

3) 미래 소비자 행동 변화 트렌드 예측

(1) 개인화 강화

AI 기반 맞춤형 추천과 개인화 서비스 확산.

소비자는 단순한 구매자가 아닌 개인 경험 중심 소비자로 변화.

(2) 옴니채널 경험 선호

온라인·오프라인·모바일 채널 통합 경험 중시.

예: 앱에서 본 상품을 오프라인 매장에서 체험하고, 바로 구매.

(3) 즉각적 대응과 실시간 소비

실시간 프로모션, 동적 가격, 맞춤 메시지에 즉각 반응하는 소비자 증가.

예: 실시간 할인, 한정판 이벤트에 즉시 참여.

(4) 가치 중심 소비 확대

가격과 편의성뿐 아니라 환경, 사회적 책임, 윤리적 요소 고려.

ESG, 지속가능 제품, 사회적 브랜드 선호 강화.

(5) 디지털 경험 기반 구매

메타버스, AR/VR, AI 상담 등 디지털 인터페이스 경험 중심 소비 확대.

예: 가상 피팅룸, AR 제품 체험 후 구매.

(6) 브랜드 충성도 변화

개인화와 경험 중심 소비가 강화되면서 브랜드 충성도의 조건이 복합화.

가격, 편의성, 경험, 사회적 가치 등이 종합적 영향.

기업은 기술적 분석력뿐 아니라 윤리적 책임과 소비자 신뢰 확보까지 병행해야 지속가능하고 경쟁력 있는 마케팅 전략을 실행할 수 있다.

4. 마케팅 전략적 시사점

1) 데이터 기반 전략 수립

AI 시대 마케팅의 핵심은 데이터 기반 의사결정이다.

소비자의 구매 기록, 웹·앱 로그, 소셜미디어 활동 등 다양한 데이터를 통합 분석하여 고객 세그먼트, 선호, 행동 패턴을 파악해야 한다.

예: 예측 분석을 활용한 고객별 추천, 프로모션, 가격 전략 설계.

전략적 의미: 직관적 판단이 아닌 데이터 기반 의사결정으로 마케팅 효율 극대화.

2) 개인화 및 맞춤형 마케팅 강화

소비자는 점점 개인화 경험을 기대하며 브랜드와 상호작용한다.

AI 기반 추천, 맞춤형 메시지, 실시간 프로모션이 핵심 도구이다.

전략적 시사점: 고객 생애가치(LTV) 극대화를 위해 세분화·맞춤형 전략 설계 필요.

3) 옴니채널 경험 통합

온라인, 오프라인, 모바일, 소셜미디어 등 모든 접점에서 일관된 고객 경험 제공이 중요하다.

소비자는 다양한 채널을 통해 제품을 탐색하고 구매하므로 채널 간 데이터 통합과 전략 연계 필수.

전략적 시사점: 옴니채널 캠페인 설계, CRM 통합, 실시간 행동 데이터 활용.

4) 실시간 대응과 캠페인 최적화

실시간 행동 데이터를 기반으로 즉각적인 마케팅 조치 가능.

예: 고객이 특정 상품 페이지를 보는 순간 맞춤 할인 쿠폰 발송.

전략적 시사점: AI 기반 실시간 마케팅 시스템 구축, 캠페인 효과 모니터링 및 동적 조정.

5) 가치 중심 마케팅

ESG, 윤리적 소비, 지속가능성 등 가치 기반 선택을 중시하는 소비자 증가.

전략적 시사점: 가격·프로모션뿐 아니라 브랜드 가치, 사회적 책임 강조 마케팅 필요.

6) 윤리적·법적 고려 병행

개인정보 보호, 차별 방지, 투명성 확보 등 윤리적·법적 책임 필수.

전략적 시사점: 소비자 신뢰 확보와 장기적 브랜드 충성도 유지.

7) 예측 분석과 시나리오 기반 전략

AI 모델을 활용해 다양한 시나리오별 미래 행동 예측 가능.

전략적 시사점: 제품 수요, 가격, 프로모션, 캠페인 전략을 사전 시뮬레이션하고 최적화.

AI 시대의 소비자 행동 변화는 개인화, 실시간, 옴니채널, 가치 중심으로 요약할 수 있다.

마케팅 전략은 단순히 기술적 실행이 아닌 데이터 기반 의사결정, 개인화·실시간 대응, 윤리적 책임을 함께 고려할 때 지속가능한 경쟁력을 확보할 수 있다.

기업은 미래 소비자 행동 예측을 통해 맞춤형 전략 설계와 브랜드 충성도 강화라는 두 가지 목표를 동시에 달성할 수 있다.

예측 기반 의사결정: AI 분석 결과를 활용하여 전략적 의사결정 가속화

경험 중심 전략: 단순 제품 제공을 넘어 고객 경험 혁신 강조

통합 플랫폼 전략: 옴니채널 경험을 데이터 기반으로 최적화

윤리적 마케팅: 개인화, 추천, 프로모션 설계에서 데이터 프라이버시와 편향 최소화

마케팅 관점에서 AI 시대는 데이터 기반 전략과 경험 중심 전략의 융합이 핵심이다.

5. 향후 연구 과제와 방향

1) 기술, 인간, 사회적 책임의 통합적 연구

AI와 빅데이터 기술 발전으로 소비자 행동 연구는 데이터 기반 분석과 예측, 실시간 대응 중심으로 진화하고 있다.

그러나 기술적 측면뿐 아니라 인간 중심 설계, 윤리적 고려, 사회적 영향까

지 포함한 연구가 요구된다.

향후 연구 과제는 기술적 정교화와 사회적 책임의 균형을 중심으로 설정될 필요가 있다.

2) 향후 연구 과제

(1) 데이터 품질 및 통합 연구

다양한 채널과 포맷의 데이터를 정확하게 통합·분석하는 방법 연구 필요.

과제: 웹·앱 로그, 거래 데이터, 소셜 미디어, IoT 센서 데이터 등 통합 분석 모델 개발.

(2) 예측 정확도 향상 및 모델 신뢰성 확보

소비자 행동 예측 모델의 정확성과 안정성 연구 강화.

과제: 머신러닝, 강화학습, 딥러닝 기반 모델의 오버피팅 방지, 편향 검증, 실시간 적응력 향상.

(3) 개인화·맞춤형 전략의 사회적 영향 연구

개인화 마케팅과 실시간 캠페인이 소비자 경험과 사회적 신뢰에 미치는 영향 분석 필요.

과제: 과도한 행동 유도, 개인정보 오용 가능성, 소비자 피로감 연구.

(4) 윤리적·법적 프레임워크 연구

AI 기반 마케팅과 소비자 행동 예측 과정에서 윤리적·법적 기준 적용 연구 필요.

과제: 차별 방지, 프라이버시 보호, 투명성 확보, 소비자 권리 강화 방안 연구.

(5) 인간 중심 소비자 행동 연구

데이터 기반 분석과 함께 심리·감정·맥락을 고려한 인간 중심 연구 확대 필요.

과제: 심리학, 사회학, 인문학과 AI 분석 결합 연구, 감성·맥락 기반 예측 모델 개발.

(6) 옴니채널 및 디지털 경험 연구

온라인·오프라인·모바일·메타버스 경험의 통합적 소비자 행동 연구 필요.
과제: 옴니채널 데이터 통합, 디지털 경험의 구매 영향 분석, 브랜드 충성도와 연결 연구.

(7) 지속가능성과 사회적 가치 연계 연구

소비자 행동과 ESG, 사회적 책임, 지속가능성을 연계한 연구 필요.
과제: 가치 기반 소비 트렌드 분석, 지속가능 제품 수용성 예측, 사회적 영향 평가.

3) 연구 방향

다학제적 접근 강화: AI·데이터 과학, 심리학, 사회학, 경영학 등 다양한 학문 결합.

실시간 분석 및 예측 연구 확대: 행동 변화에 대한 즉각적 대응 전략 연구.

윤리적·법적 책임 중심 설계: 소비자 신뢰와 브랜드 지속성을 고려한 연구.

사례 중심 실증 연구 강화: 실제 마케팅·캠페인 데이터를 활용한 실증적 연구 필요.

미래 기술 반영 연구: 메타버스, AR/VR, IoT 등 신기술 기반 소비자 행동 연구.

AI 시대 소비자 행동 연구의 미래는 기술적 정밀화, 인간 중심 설계, 윤리적·사회적 책임의 통합적 접근이 핵심이다.

향후 연구는 단순한 예측 분석을 넘어 미래 소비자 행동 변화, 가치 기반 소비, 실시간 맞춤 전략, 지속가능한 마케팅을 지원할 수 있는 방향으로 확장될 필요가 있다.

이를 통해 학문적 기여뿐 아니라 기업 전략과 사회적 가치 창출에 직접적으로 연결되는 실질적 연구가 가능해질 것이다.

– AI 기반 행동 연구의 신뢰성과 일반화 문제:

알고리즘 편향, 샘플 편향 등 연구 결과 해석 문제

- 감정·심리적 요인 통합:
  AI 행동 분석과 소비자 심리 연구 결합 필요
- 윤리적·규제적 기준 수립:
  AI 기반 마케팅 연구의 법적·사회적 책임 명확화
- 지속가능 소비 연구:
  환경·사회적 가치와 연계된 소비자 행동 분석 필요

향후 연구는 AI와 인간 경험의 조화, 데이터 기반 의사결정과 윤리적 책임을 동시에 고려해야 한다.

제 7 장 케이스 스터디

- 사례: 페이스북 광고 플랫폼 행동 연구

광고 클릭, 콘텐츠 소비, 공유 행동 분석

AI 기반 개인화 광고, 실시간 캠페인 조정

토의 질문

1. 플랫폼 기반 소비자 행동 연구의 장·단점은 무엇인가?

2. 미래 소비자 행동 변화 예측에서 중요한 변수는 무엇인가?

* 워크시트 활동

활동	내용	학습목표 연계
1.	플랫폼 소비자 행동 분석표 작성	연구 방법 이해
2.	미래 트렌드 기반 마케팅 전략 수립	전략 설계
3.	윤리적·법적 고려사항 토론	윤리적 판단

〈연구토론 과제〉

AI 시대 소비자 행동 연구의 한계와 미래 발전 방향은 무엇인가?

소비자 행동 변화 예측을 기반으로 한 마케팅 전략 설계의 핵심 요소는?

플랫폼 중심의 경험 관리에서 연구자와 기업의 역할은 어떻게 변화할 것인가?

윤리적·사회적 책임을 고려한 AI 기반 소비자 행동 연구의 구체적 방법을 제안하라.

제 8 장

AI 시대 소비자 행동과 지속가능 마케팅

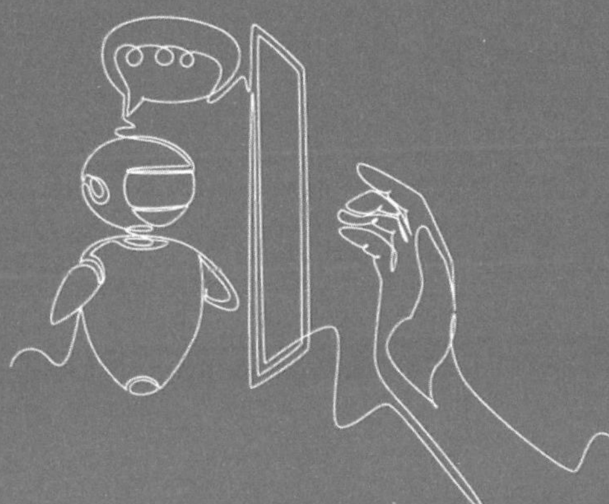

AI 시대의 소비자 행동론

학습목표

지속가능 마케팅(Sustainable Marketing)의 개념과 필요성을 이해한다.
AI 기술을 활용한 지속가능 소비자 행동 분석 방법을 설명할 수 있다.
친환경 · 사회적 책임 기반 마케팅 전략을 설계할 수 있다.
소비자 행동 변화와 지속가능성 목표 간의 연계성을 평가할 수 있다.

핵심용어

지속가능 마케팅(Sustainable Marketing), 친환경 소비(Eco-consumption), 사회적 책임(CSR), AI 기반 행동 분석, 소비자 인식 변화, 윤리적 소비(Ethical Consumption), 데이터 기반 지속가능 전략, ESG 마케팅, 행동 변화 모델,기술 기반 전략과 사회적 가치의 통합

제 8 장

AI 시대 소비자 행동과 지속가능 마케팅

AI와 빅데이터 기술은 소비자 행동 연구와 마케팅 전략을 근본적으로 변화시키고 있다.

과거에는 단순 구매 기록이나 설문 데이터를 중심으로 소비자를 이해했다면, 이제는 실시간 행동 데이터, 소셜미디어 상호작용, IoT 기반 경험 데이터까지 분석해 보다 정교한 소비자 이해와 전략 수립이 가능하다.

이러한 기술적 변화는 동시에 지속가능 마케팅과의 접점을 확대하고 있으며, 기업은 효율적 판매 전략과 사회적 책임을 동시에 달성해야 하는 과제에 직면했다.

1. AI 기반 지속가능 소비자 행동 분석

행동 데이터 수집: 구매 기록, 리뷰, SNS, 앱 행동

예측 모델링: 친환경 제품 선택 가능성, 사회적 참여 반응 예측

세분화: 친환경 고관여 집단, 가격 민감 집단 등 세분화

개인화 마케팅: 지속가능 제품 추천, 참여형 캠페인 제공

AI는 실시간 행동 분석과 맞춤형 메시지 제공을 통해 지속가능 행동을 유도하고, 기업은 이를 통해 ESG 목표 달성을 지원할 수 있다.

1) 개념 정의

AI 기반 지속가능 소비자 행동 분석이란, 인공지능과 빅데이터 기술을 활용하여 소비자의 지속가능 가치 중심 행동을 정밀하게 관찰, 예측, 분석하는 과정이다.

소비자의 친환경 제품 선호, 윤리적 구매 결정, 사회적 참여 행동 등을 데이터로 수집하고 패턴을 학습.

이를 통해 기업은 맞춤형 지속가능 마케팅 전략을 설계하고, 소비자 행동 변화에 실시간으로 대응 가능하다.

2) 분석 대상과 데이터 유형

(1) 행동 데이터

온라인 쇼핑 기록, 앱 사용 로그, 오프라인 구매 데이터, 포인트·리워드 사용 등.

지속가능 제품 구매 빈도, 참여형 캠페인 반응, 재구매 행동 등 분석.

(2) 심리·태도 데이터

설문, 리뷰, 소셜 미디어 감정 분석(NLP) 등.

브랜드 신뢰, 친환경 의식, 사회적 책임 인식 등 소비자 태도 정량화.

(3) 맥락·환경 데이터

위치, 계절, 이벤트, 사회적 이슈 등 소비 행동에 영향을 미치는 외부 요인.

예: 친환경 캠페인 기간, 기후 이벤트 발생 시 행동 변화 분석.

3) AI 분석 기법

(1) 예측 분석(Predictive Analytics)

과거 행동과 현재 데이터를 기반으로 미래 지속가능 제품 구매, 참여 가능성 예측.

회귀분석, 로지스틱 회귀, 시계열 분석 활용.

(2) 머신러닝(Machine Learning)

랜덤포레스트, XGBoost, 신경망 등을 활용하여 복합 변수 간 상호작용과 패턴 학습.

예: 특정 연령·가치관·지역 소비자군의 친환경 제품 구매 확률 추정.

(3) 자연어 처리(NLP)와 감정 분석

리뷰, SNS 게시물, 고객 문의 등 텍스트 데이터 분석으로 소비자 감정과 태도 변화 추적.

예: 친환경 브랜드 평판, 캠페인 반응, 사회적 이슈 관련 참여도 평가.

(4) 강화학습(Reinforcement Learning)

소비자 행동에 따라 실시간 마케팅 전략 최적화 가능.

예: 방문 시점, 관심 상품, 가격 변동에 따른 맞춤 메시지 제공.

4) 전략적 적용

(1) 맞춤형 지속가능 제품 추천

AI 분석을 통해 소비자의 친환경 선호도와 가치관 파악 후 개인화 추천 제공.

(2) 참여형 캠페인 설계

지속가능 캠페인 참여 데이터를 분석하여 실시간 참여 유도 전략 설계.

예: 특정 고객군 대상 친환경 이벤트, 소셜 공유 유도.

(3) 옴니채널 통합 경험

온라인·오프라인·모바일 채널 데이터를 통합하여 지속가능 경험 일관성 확보.

(4) 소비자 행동 변화 모니터링

AI 분석으로 소비자의 장기적 행동 변화와 캠페인 효과 측정.

예: 친환경 제품 재구매율, 브랜드 신뢰 변화, 참여율 추적.

5) 시사점

- 데이터 기반 개인화: 가치 중심 소비자를 타깃으로 맞춤형 메시지 제공.
- 실시간 대응 강화: 캠페인과 프로모션을 즉각 최적화하여 행동 유도.
- 신뢰와 투명성 확보: 데이터 수집과 활용 과정에서 소비자 신뢰 유지.
- 전략적 통합 분석: 구매, 참여, 심리, 맥락 데이터를 연계하여 지속가능 마케팅 효과 극대화.

AI 기반 지속가능 소비자 행동 분석은 기술적 정밀성과 사회적 가치를 동시에 고려한 현대 마케팅의 핵심 도구이다.

기업은 이러한 분석을 통해 개인화, 실시간 대응, 옴니채널 경험, 가치 기반 전략을 설계하고, 지속가능성과 브랜드 충성도를 동시에 강화할 수 있다.

결과적으로, AI는 단순한 효율적 마케팅을 넘어 사회적 책임과 지속가능성을 실현하는 전략적 수단으로 자리 잡는다.

2. 지속가능 마케팅과 소비자 행동

지속가능 마케팅은 경제적 성과뿐 아니라 환경적·사회적 가치를 동시에 추구하는 전략을 의미한다(Kotler et al., 2019).

소비자 관점: 친환경 제품, 윤리적 브랜드 선택, 사회적 책임 실천 참여

기업 관점: ESG(환경, 사회, 지배구조) 전략과 브랜드 가치 강화

소비자 행동은 지속가능성 요소에 민감하게 반응하며, 의식적 선택과 참여 행동으로 나타난다.

지속가능 마케팅(Sustainable Marketing)은 환경적·사회적·윤리적 책임을 기업의 마케팅 전략과 결합하여, 장기적 관점에서 소비자, 사회, 기업 모두에게 긍정적 가치를 창출하는 활동을 의미한다.

단순한 친환경 제품 홍보를 넘어, 사회적 책임, 윤리적 생산, 공정 거래, 지속가능한 소비까지 포괄한다.

AI 시대에는 개인화, 데이터 기반 예측, 디지털 채널 활용을 통해 지속가능 마케팅 전략의 효율성을 높일 수 있다.

소비자 행동 측면에서, 지속가능 마케팅은 소비자가 가격, 품질뿐 아니라 가치, 윤리, 환경 고려에 따라 구매 의사결정을 내리도록 영향을 미친다.

소비자는 단순한 구매자가 아니라, 기업의 사회적 행동과 브랜드 가치를 평가하고 선택하는 능동적 주체가 된다.

3. AI 시대 소비자 행동 특성

(1) 개인화와 맞춤형 경험 중시

AI 기반 추천, 실시간 프로모션, 맞춤형 메시지로 소비자의 기대와 경험을 충족.

소비자는 단순한 가격 중심이 아닌 개인화된 경험과 효용을 우선시함.

(2) 가치 중심 소비 강화

ESG, 지속가능 제품, 사회적 책임을 고려한 가치 기반 선택 증가.

소비자는 브랜드가 환경, 윤리, 사회적 책임을 실천하는지를 평가하고 구매 결정에 반영.

(3) 옴니채널과 디지털 경험 확대

온라인·오프라인·모바일·메타버스 등 다양한 채널에서의 경험이 구매에 영향.

통합적 디지털 경험이 브랜드 충성도와 지속가능한 소비 행동 형성에 기여.

(4) 실시간 대응과 참여적 소비

AI 기반 실시간 마케팅과 행동 데이터 분석으로 즉각적 반응 유도.

소비자는 캠페인 참여, 리뷰 작성, 소셜 공유 등 활동적 소비 참여 강화.

4. 지속가능 마케팅 전략과 AI 활용

(1) 가치 기반 개인화 전략

AI 분석을 통해 소비자의 환경·사회적 가치 관심도를 파악하고 맞춤형 제품·서비스 추천.

예: 친환경 제품, 사회적 기업 상품, 탄소 배출 저감 제품을 선호 고객에게 맞춤 메시지.

(2) 투명한 데이터 기반 마케팅

소비자 행동 데이터를 활용한 개인화 전략을 윤리적·투명하게 운영.

개인정보 보호, 차별 방지, 메시지·가격 투명성 확보 필요.

(3) 옴니채널 지속가능 경험 제공

온라인·오프라인 통합 경험을 통해 지속가능성 메시지 일관성 유지.

예: 매장 방문 시 친환경 프로모션 안내, 앱에서 탄소 절감 정보 제공.

(4) 실시간 지속가능 마케팅

소비자의 행동과 관심에 맞춰 실시간 지속가능 메시지 제공.

예: 특정 고객이 친환경 제품 페이지 방문 시 할인 쿠폰 또는 참여형 캠페인 안내.

(5) 사회적 가치 측정 및 피드백

AI 분석을 통해 소비자 행동이 기업의 지속가능 목표에 미치는 영향 측정.

예: 친환경 제품 구매율, 참여형 캠페인 참여도, 브랜드 평판 변화 추적.

개인화와 가치 중심 전략의 결합: AI 기반 분석으로 소비자 가치관과 행동 패턴을 통합 설계.

데이터 투명성과 윤리적 책임 확보: 신뢰 기반 지속가능 마케팅 실행.

옴니채널 통합 경험: 디지털·오프라인 경험을 연계한 지속가능성 메시지 전달.

실시간 대응과 참여 유도: 캠페인, 프로모션, 참여형 활동을 즉시 최적화.

성과 모니터링과 피드백 체계 구축: 소비자 행동과 지속가능성 목표 간 상관 분석 및 전략 개선.

AI 시대 소비자 행동 연구는 개인화, 실시간, 가치 중심, 디지털 경험을 중심으로 발전하고 있으며, 이는 지속가능 마케팅 전략과 자연스럽게 결합된다.

기업은 데이터 기반 효율성과 사회적 책임을 동시에 고려하여 소비자 경험을 설계하고, 브랜드 충성도와 지속가능 가치를 함께 강화해야 한다.

AI를 활용한 지속가능 마케팅은 단순 판매 전략을 넘어 사회적 영향과 장기적 경쟁력을 동시에 창출하는 핵심 전략으로 자리 잡을 것이다.

5. 소비자 행동과 지속가능 마케팅의 관계

(1) 가치 기반 소비(Value-Based Consumption)

소비자는 환경보호, 윤리적 생산, 사회적 기여 등 개인적 가치와 일치하는 브랜드를 선호.

지속가능 마케팅은 이러한 가치와 경험을 제품·서비스에 연결하여 행동 변화 유도.

(2) 브랜드 신뢰와 충성도 강화

지속가능 활동을 통해 기업의 사회적 책임을 소비자가 인식하면, 브랜드 신뢰와 충성도가 강화된다.

예: 친환경 포장, 탄소 저감 캠페인, 공정무역 제품 구매 경험.

(3) 정보 탐색과 참여 행동 촉진

소비자는 지속가능 제품에 대한 정보 탐색, 리뷰 작성, 캠페인 참여 등 능동적 행동을 수행.

기업은 이러한 참여 데이터를 AI 기반 분석에 활용하여 맞춤형 프로모션과 경험 개선 가능.

(4) 디지털 경험과 행동 변화

온라인, 모바일, 소셜 미디어 등 디지털 채널을 통한 지속가능 메시지 노출이 구매 행동에 영향.

예: 친환경 제품 페이지 방문, AR 체험, 소셜 공유 이벤트 참여.

2) 마케팅 전략적 함의

가치 기반 개인화 전략 설계: 소비자의 가치관과 지속가능성 관심도를 파악하여 맞춤형 제품 추천 및 메시지 제공.

투명한 커뮤니케이션 강화: 지속가능 활동과 데이터 활용 방식에 대해 소비자에게 명확하게 안내.

옴니채널 경험 통합: 온라인·오프라인·모바일 채널에서 일관된 지속가능성 경험 제공.

참여형 캠페인 활성화: 소비자가 직접 참여하고 공유할 수 있는 지속가능 활동 설계.

AI 기반 데이터 분석 활용: 소비자 행동 패턴과 지속가능 제품 수요를 예측하여 전략 최적화.

지속가능 마케팅은 단순한 친환경 캠페인이 아니라 기업 전략과 소비자 행동을 연결하는 핵심 요소이다.

AI와 빅데이터를 활용하면, 소비자의 가치 기반 행동을 정밀하게 분석하고 맞춤형 경험을 제공할 수 있다.

결과적으로 지속가능 마케팅은 브랜드 신뢰, 충성도, 사회적 가치 창출을 동시에 달성하며, AI 시대 소비자 행동 연구와 전략 설계의 필수 요소로 자리잡는다.

6. 지속가능 마케팅 전략 설계

1) 개념 정의

지속가능 마케팅 전략 설계란, 기업이 환경적·사회적·윤리적 책임을 기반으로 소비자 행동과 시장 데이터를 분석하여, 장기적 경쟁력과 사회적 가치를 동시에 창출하는 마케팅 전략을 설계하는 과정이다.

단순한 친환경 홍보가 아니라, 소비자의 가치 중심 행동과 경험을 기반으로 한 전략적 설계가 핵심이다.

AI와 빅데이터 분석은 소비자 행동, 참여, 선호, 옴니채널 경험 등을 실시간으로 반영하여 전략을 정교화한다.

2) 전략 설계 과정

(1) 소비자 분석 및 세분화

AI 기반 데이터 분석을 활용해 친환경·가치 중심 소비자 세그먼트 파악.
분석 요소: 구매 패턴, 제품 선호, 가치관, 참여 행동, 디지털 행동 로그.
전략적 의미: 각 세그먼트에 맞는 맞춤형 지속가능 전략 수립.

(2) 가치 기반 메시지 설계

소비자 행동과 태도를 기반으로 지속가능성 메시지 설계.
예: 환경 보호, 공정무역, 사회적 책임 강조.
전략적 의미: 메시지가 소비자 경험과 일치할 때 브랜드 신뢰와 충성도 강화.

(3) 옴니채널 전략 구축

온라인·오프라인·모바일·SNS 등 모든 접점에서 일관된 지속가능 경험 제공.
예: 매장 프로모션, 앱 알림, 소셜 캠페인, AR/VR 체험 연계.
전략적 의미: 소비자가 어느 채널에서든 지속가능 가치와 경험을 느끼도록 설계.

(4) 실시간 프로모션과 행동 유도

AI 분석을 통해 실시간 행동 패턴과 관심사를 반영한 프로모션, 이벤트 설계.
예: 특정 상품 페이지 방문 시 친환경 제품 할인 쿠폰 제공.
전략적 의미: 참여와 구매 행동을 동시에 유도, 소비자 경험 강화.

(5) 성과 모니터링과 지속적 개선

지속가능 마케팅 활동의 효과를 실시간 데이터 기반으로 분석.
주요 지표: 친환경 제품 구매율, 참여 캠페인 참여도, 브랜드 충성도, ESG 평가 지표.
전략적 의미: 전략 실행 후 데이터 기반 개선을 통해 장기적 효과 극대화.

3) 전략적 시사점

개인화와 가치 중심 전략 결합: AI 분석으로 소비자 가치관과 행동 패턴을 연계한 맞춤형 전략 수립.
윤리적·투명성 고려: 데이터 활용, 가격·프로모션 설계, 맞춤형 메시지 전달에서 소비자 신뢰 확보.
옴니채널 통합 경험 제공: 모든 접점에서 일관된 지속가능 브랜드 경험 구축.
실시간 대응 강화: 소비자 행동과 참여 데이터를 즉시 반영하여 프로모션, 캠페인 최적화.
성과 모니터링 기반 지속 개선: 장기적 브랜드 충성도와 지속가능성 목표 달성을 위한 전략적 피드백.

지속가능 마케팅 전략 설계는 AI 기반 소비자 행동 분석과 가치 중심 접근이 결합될 때 효과가 극대화된다.

기업은 단순한 친환경 제품 판매를 넘어, 사회적 가치 창출, 소비자 경험 강화, 장기적 브랜드 충성도 확보까지 동시에 달성할 수 있다.

AI와 지속가능 전략의 통합적 설계는 미래 경쟁력과 기업 책임 경영의 핵심 요소로 자리 잡는다.

AI 기반 소비자 행동 분석을 활용한 전략적 4P 접근방식을 알아보자.

- 제품 전략(Product): 친환경 소재, 재활용 가능 패키지
- 가격 전략(Pricing): 윤리적·지속가능 제품 가격 책정
- 유통 전략(Place): 환경 친화적 배송, 탄소 배출 최소화
- 촉진 전략(Promotion): 지속가능 캠페인, 교육적 콘텐츠, AI 기반 타깃 광고

전략 설계 시 소비자 행동 데이터와 환경·사회적 가치 지표를 결합하여 최적화하는 것이 중요하다.

7. 소비자 행동 변화와 지속가능성 연계

1) AI 시대 지속가능 마케팅 관점

AI와 빅데이터 기술의 발전으로 소비자 행동은 실시간, 개인화, 가치 중심, 옴니채널으로 변화하고 있다.

동시에 ESG, 친환경, 윤리적 소비 등 지속가능성 요인이 구매 결정과 브랜드 선택에 중요한 변수로 자리 잡았다.

따라서 소비자 행동 변화와 지속가능성은 단절적 요소가 아닌 상호 강화적 관계로 분석되어야 하며, 기업 전략 설계에 핵심적 함의를 제공한다.

2) 소비자 행동 변화 주요 특징

(1) 개인화와 맞춤형 경험 선호

소비자는 단순 제품 구매를 넘어 개인화된 경험과 가치 중심 서비스를 요구.

지속가능 제품과 서비스도 개인적 가치와 연결될 때 구매 행동으로 전환됨.

(2) 옴니채널 경험 강화

온라인, 오프라인, 모바일, 메타버스 등 다양한 채널을 활용.

소비자는 각 채널에서 일관된 지속가능 메시지와 브랜드 경험을 기대.

(3) 실시간 참여와 행동

AI 기반 실시간 프로모션, 캠페인, 맞춤형 추천에 즉각 반응.

지속가능 마케팅 활동(캠페인 참여, 리뷰 작성, 제품 공유)에 능동적으로 참여.

(4) 가치 중심 소비 확대

가격과 편의성보다 환경, 윤리, 사회적 가치를 우선 고려.

기업의 지속가능 노력과 사회적 책임 인식 여부가 소비 행동에 큰 영향을 미침.

3) 지속가능성 연계 전략

(1) 가치 기반 제품·서비스 개발

소비자 행동 데이터를 분석하여 친환경·윤리적 제품 및 서비스 설계.

예: 탄소 저감, 재활용 소재, 사회적 책임 기업과의 협업.

(2) 개인화된 지속가능 메시지 제공

AI 분석을 활용해 소비자 선호와 가치관에 맞춘 맞춤형 지속가능 메시지 전달.

예: 앱 알림, 이메일, 소셜 미디어 광고, 오프라인 캠페인 연계.

(3) 참여형 지속가능 캠페인

소비자가 직접 참여하고 공유할 수 있는 지속가능 활동 설계.

예: 친환경 제품 구매 시 포인트 적립, 소셜 미션 참여, 재활용 이벤트.

(4) 옴니채널 경험 통합

온라인·오프라인·모바일 접점에서 지속가능 가치와 브랜드 경험 일관성 확보.

예: 매장 방문, 앱 구매, SNS 공유 시 동일한 지속가능 메시지 제공.

(5) 행동 데이터 기반 지속 개선

소비자 행동 변화 데이터를 AI 분석하여 지속가능 전략의 효과를 모니터링 및 개선.

예: 친환경 제품 재구매율, 캠페인 참여도, 브랜드 충성도 분석.

4) 전략적 시사점

행동 데이터 기반 가치 중심 전략: 소비자 행동과 지속가능 가치 연계를 기반으로 맞춤형 마케팅 설계.

실시간 대응과 참여 유도: AI 기반 행동 분석을 통해 즉각적 프로모션과 캠페인 최적화.

옴니채널 경험 일관성 유지: 소비자가 어디서든 지속가능성을 경험하도록 전략적 통합.

지속적 개선과 효과 분석: 데이터 기반으로 지속가능 마케팅 전략 효과를 측정하고 개선.

AI 시대 소비자 행동 변화와 지속가능성은 상호 보완적 관계에 있으며, 기업 전략 설계에서 이를 통합하는 것이 필수적이다.

기업은 AI 기반 데이터 분석을 통해 소비자 행동 변화에 대응하고, 개인화·실시간·옴니채널·가치 중심 전략을 통해 지속가능성을 강화함으로써 브랜드 충성도와 사회적 가치를 동시에 확보할 수 있다.

의식적 소비 강화: 지속가능 정보 제공 → 구매 행동 변화

참여적 행동 촉진: 캠페인 참여, 리뷰, 공유 활동 증가

장기적 충성도 형성: ESG 브랜드에 대한 신뢰 및 충성도 강화

AI는 소비자의 행동 패턴, 관심사, 참여 가능성을 분석하여, 지속가능 행동 촉진에 활용된다.

8. 윤리적·실무적 고려사항

1) AI 기반 지속가능 마케팅 실행 시 핵심 포인트

AI와 빅데이터 기반 마케팅이 발전하면서, 기업은 소비자 행동을 정밀하게 분석하고 실시간 대응할 수 있게 되었다. 그러나 이러한 기술 활용은 개인 정보 보호, 편향 방지, 투명성 확보 등 윤리적·법적 문제와 직결된다.

지속가능 마케팅과 연계된 AI 활용은 사회적 책임과 브랜드 신뢰를 동시에 고려해야 한다.

2) 윤리적 고려사항

(1) 개인정보 보호 및 데이터 투명성

소비자 행동 데이터를 수집·분석할 때 명확한 동의 확보 필수.

수집 목적, 활용 범위, 저장 기간 등 투명한 안내 필요.

예: 구매 기록, 위치 정보, SNS 활동 등 민감 데이터 활용 시 명확한 정책 마련.

(2) 소비자 권리와 선택 존중

AI 추천과 맞춤형 메시지가 소비자 선택을 과도하게 유도하지 않도록 주의.

예: 가격, 프로모션, 참여형 캠페인에서 강압적 유도 금지.

전략적 시사점: 소비자가 스스로 선택하도록 유연성과 투명성 제공.

(3) 차별 및 편향 방지

AI 학습 데이터와 알고리즘 편향으로 인해 연령, 성별, 지역, 사회적 지위 등에 따른 차별 발생 가능.

예: 특정 그룹에게 지속가능 제품 추천을 과도하게 제한하는 경우.

전략적 시사점: 데이터 검증, 알고리즘 감시, 편향 완화 전략 필요.

(4) 지속가능성 메시지 신뢰성 확보

친환경, 사회적 책임 관련 메시지가 과장되거나 허위일 경우 소비자 신뢰

저하.

예: '그린워싱' 사례 방지.

전략적 시사점: 제품·서비스, 캠페인 메시지, ESG 활동을 객관적으로 검증 후 홍보.

3) 실무적 고려사항

(1) AI 시스템 설계 및 운영

추천, 예측, 실시간 대응 시스템에서 윤리적·투명한 알고리즘 설계 필요.

실무 적용: 의사결정 로직, 데이터 활용 범위, 오류 대응 프로세스 마련.

(2) 옴니채널 통합 관리

온라인·오프라인·모바일 채널에서 일관성 있는 지속가능 메시지와 경험 제공.

실무 적용: 채널별 프로모션, 캠페인, 맞춤형 메시지 동기화.

(3) 성과 측정 및 피드백

AI 분석 기반 전략이 실제 소비자 경험과 지속가능 목표에 부합하는지 평가.

실무 적용: KPI 설정, ESG 성과 지표, 소비자 참여도 및 반응 모니터링.

(4) 내부 윤리 가이드라인 마련

마케팅 팀, 데이터 분석팀, AI 개발팀이 윤리적 기준 공유.

실무 적용: 데이터 수집, 분석, 캠페인 설계 단계별 체크리스트와 윤리적 검토 절차 구축.

4) 전략적 시사점

투명성과 신뢰 확보: 소비자 데이터와 지속가능 메시지 활용에서 투명성 유지.

윤리적 AI 운영: 편향 방지, 권리 존중, 소비자 선택 자유 보장.

지속가능성과 브랜드 신뢰 동시 달성: 과장 없는 메시지, 객관적 검증 기반 캠페인.

실무적 통합 관리: 옴니채널, 성과 측정, 내부 가이드라인으로 일관성 확보.

AI 시대 지속가능 마케팅에서는 기술적 효율성과 윤리적 책임이 동시에 고려되어야 한다.

기업은 소비자 행동 데이터를 기반으로 전략을 최적화하는 동시에, 개인정보 보호, 편향 방지, 투명성, 신뢰라는 윤리적 기준을 준수해야 한다.

이를 통해 지속가능성을 강조한 마케팅 전략이 장기적 브랜드 충성도와 사회적 가치 창출로 이어질 수 있다.

데이터 프라이버시 보호: 소비자 친환경 행동 데이터를 수집할 때 동의 확보

과장 광고 방지: 친환경 마케팅에서 그린워싱(Greenwashing) 주의

공정성과 투명성: AI 알고리즘이 특정 집단을 차별하지 않도록 설계

실무적 균형: 지속가능 마케팅과 매출 목표 간 균형 유지

기업은 윤리적 AI 활용과 지속가능성 목표 달성을 동시에 고려해야 한다.

제 8 장 케이스 스터디

- 기업 사례: 케이스 스터디: 파타고니아(Patagonia)의 AI 기반 지속가능성 분석 및 소비자 행동 변화 유도

파타고니아는 지속가능 경영과 친환경 소비자 행동을 촉진하기 위해 공급망 데이터, 탄소 배출량, 원자재 추적 시스템에 AI 기술을 도입하고 있다.

- 대표 실천 사례:

  - AI 기반 공급망 추적 시스템으로 원단·공정별 탄소 배출량 자동 산출
  - 소비자에게 “이 제품을 구매하면 절감되는 환경 영향”을 시각화 제공
  - 재활용·수선 서비스(Worn Wear)의 재고 회전 및 수요 예측에 AI 활용
  - 지속가능한 제품 추천 시 “환경효과 정보”를 함께 제시하는 메시지 전략 운영

이는 소비자에게 실질적 행동 변화를 유도했고, 많은 소비자가 파타고니아를 “가장 신뢰하는 지속가능 브랜드”로 인식하게 되었다.

토의 질문

1. 파타고니아가 AI를 통해 소비자의 친환경 행동을 강화할 수 있었던 핵심 요인은 무엇인가?

2. 제품의 환경 데이터를 공개하는 것이 소비자의 구매 의사결정에 어떤 영향을 미치는가?

3. AI 기반 지속가능 메시지가 지나치게 '감정적 조작'으로 보일 위험이 있을까?

4. 한국 기업(예: 아모레퍼시픽, CU, 현대차)은 어떤 방식으로 AI 기반 지속가능 전략을 적용할 수 있을까?

* 워크시트 활동

AI 기반 친환경 캠페인 기획하기 - 파타고니아 벤치마킹

1. 지속가능 주제 선택

- 예: 친환경 패션, 제로웨이스트 카페, 리필 스테이션, 탄소중립 여행

2. 아래 요소를 포함한 AI 기반 캠페인 1안 기획

(1) 타깃 세그먼트 정의

(2) AI로 분석할 데이터 종류(구매 패턴, 혜택 반응, 환경 관심도 등)

(3) 개인화 메시지 전략

(4) 예상되는 환경적·사회적 효과

(5) 윤리적 고려사항

3. 1페이지로 요약해 제출

제 9 장

AI 시대 소비자 행동 연구의 통합적 분석과 실무 적용

AI 시대의 소비자 행동론

학습목표

AI 시대 소비자 행동 연구의 핵심 요소를 통합적으로 이해한다.

실무적 마케팅 전략 설계에 AI 기반 분석을 적용할 수 있다.

기업 사례를 분석하여 전략적 시사점을 도출할 수 있다.

통합적 관점에서 윤리적 · 사회적 고려사항을 평가할 수 있다.

핵심용어

통합 분석(Integrated Analysis), 실무 적용(Practical Application), AI 기반 전략(AI-driven Strategy), 소비자 행동 모델(Consumer Behavior Model), 데이터 기반 의사결정(Data-driven Decision Making), 옴니채널 전략(Omnichannel Strategy), 지속가능 마케팅(Sustainable Marketing), 윤리적 고려(Ethical Consideration)

제 9 장

AI 시대 소비자 행동 연구의 통합적 분석과 실무 적용

AI 시대 소비자 행동의 주요 특징

- 정보 탐색

  AI 추천 알고리즘, 챗봇, 개인화 검색: 이커머스 추천 시스템, 맞춤형 광고
- 의사결정

  선택 과부하 감소, 자동화된 의사결정: AI 기반 구매 의사결정 지원
- 행동 추적

  클릭, 구매, 리뷰 등 행동 데이터 수집: CRM, 행동 기반 타깃 마케팅
- 감정/심리

  감정 분석, 소셜 리스닝: 브랜드 이미지 관리, 소비자 만족도 예측

1. AI 시대 소비자 행동 연구 통합적 접근

1) 개념적 정의

- AI 시대 소비자 행동:

AI, 빅데이터, 알고리즘, 디지털 플랫폼 환경에서 나타나는 소비자 행동 양상.

– 통합적 접근:
전통적 소비자 행동 연구+데이터 기반 AI 분석+실무적 전략 적용의 결합.

2) 분석 관점

* 심리·행동 분석
– 전통적 소비자 행동론 적용, 구매 의사결정 과정 이해
– 소비자 심리 기반 마케팅 전략 설계

* 데이터 기반 분석
– 빅데이터, 거래 기록, 행동 로그 분석
– 개인화 추천, 예측 모델링

* 사회·문화적 맥락
– 소비자의 사회적 환경, 트렌드, 문화적 요인 반영
– 소셜 리스닝, 브랜드 전략

* 실무 전략
– 분석 결과를 실제 마케팅 활동에 적용
– CRM, 캠페인 최적화, 맞춤형 프로모션

3) 통합적 연구 단계

– 데이터 수집: 온라인 행동 데이터, 거래 기록, 소셜 미디어 데이터
– AI 기반 분석: 패턴 인식, 추천 알고리즘, 예측 모델 적용
– 심리·행동 해석: 데이터 결과를 소비자 심리, 의사결정 과정과 연결
– 실무 적용: 마케팅 전략, 고객 경험 개선, 실시간 의사결정 지원

4) 통합적 접근의 장점

- 정확성 향상: AI 기반 데이터 분석으로 소비자 행동 예측 기능
- 실시간 대응: 개인화된 마케팅과 즉각적 피드백 제공
- 전략적 통찰: 심리·행동적 이해와 데이터 분석을 결합한 인사이트
- 윤리적·지속가능성 고려: 데이터 활용과 개인정보 보호 균형

시사점으로 AI 기술과 인간 의사결정의 협력적 모델 필요하며, 데이터 기반 의사결정을 심리·문화적 맥락과 함께 이해한다. 그리고 산업별 맞춤 전략 개발로 마케팅 효과를 극대화한다.

2. 실무 적용 사례 분석

AI 시대 소비자 행동 연구 통합적 접근에서 실무 적용 사례 분석은 실제 기업과 산업에서 AI 기반 소비자 분석이 어떻게 마케팅 전략에 활용되는지 보여주는 핵심 부분이다. 체계적으로 정리하면 다음과 같다.

1) 맞춤형 추천 서비스

[기업, 플랫폼/ 적용 AI 기술/ 소비자 행동 분석/ 실무 효과]

* Netflix
- 추천 알고리즘(Collaborative Filtering, ML)
- 시청 기록, 선호 장르 기반 추천
- 시청 지속 시간 증가, 고객 유지율 향상

* Amazon
- 개인화 추천, 구매 예측
- 구매 내역, 검색 기록, 장바구니 행동 분석

– 구매 전환율 증가, 재방문율 상승

* Spotify
– AI 기반 음악 추천
– 청취 패턴, 플레이리스트 분석
– 사용자 참여 및 구독 유지 확대

분석 포인트는 AI가 수집한 데이터와 소비자 선호를 결합하여 개인화된 경험 제공 → 행동 유도 및 만족도 상승.

2) 실시간 프로모션과 가격 전략

[기업/ 적용 AI 기술/ 소비자 행동 분석/ 실무 효과]

* Uber
– 동적 가격(Dynamic Pricing)
– 수요·공급, 시간대별 이동 패턴 분석
– 수익 최적화, 서비스 효율 개선

* Starbucks
– AI 기반 쿠폰/프로모션 추천
– 앱 사용 패턴, 선호 메뉴
– 매출 증대, 재방문 유도

* e-commerce 플랫폼
– 실시간 할인/추천
– 장바구니 포기율, 클릭 패턴
– 구매 전환율 개선, 재고 효율 관리

분석 포인트는 실시간 행동 데이터를 기반으로 소비자 행동을 예측하고 즉시 대응하는 전략 → 매출 및 고객 경험 개선.

3) 고객 서비스 혁신

[기업/ 적용 AI 기술/소비자 행동 분석/ 실무 효과]

* H&M, Sephora
- 챗봇, AI 상담
- 구매 기록, 고객 문의 분석
- 24시간 고객 대응, 상담 효율 극대화

* Banking App
- AI 금융 상담
- 계좌 거래 패턴, 금융 행동 분석
- 맞춤형 금융 상품 추천, 고객 만족도 향상

* Airbnb
- AI 리뷰 분석
- 리뷰, 평점, 사용 후기 텍스트
- 서비스 개선, 숙소 추천 정확도 향상

분석 포인트는 소비자 행동과 피드백을 AI가 분석 → 서비스 품질 향상 및 브랜드 충성도 강화.

4) 소비자 세분화 및 타겟팅

[{기업/ 적용 AI 기술/ 분석 대상/ 실무 효과}

* Coca-Cola
- 행동 기반 세분화, ML
- 구매 빈도, 선호 음료, 이벤트 반응
- 마케팅 캠페인 타깃 정확도 향상

* Nike

– AI 기반 고객 클러스터링

– 운동 습관, 제품 사용 패턴

– 맞춤형 제품 추천, 충성 고객 확보

*Facebook Ads

– 예측 모델, Lookalike Audience

– 사용자 관심사, 행동 패턴

– 광고 효율성 증가, ROI 개선

분석 포인트는 행동 데이터 기반 세분화 → 맞춤형 마케팅, 광고 효율 극대화.

[핵심 요약]

– AI 기반 개인화 추천 → 고객 경험 향상, 재구매 유도

– 실시간 프로모션 → 구매 전환율 및 수익 최적화

– 고객 서비스 혁신 → 만족도 상승, 운영 효율 개선

– 행동 기반 세분화 → 타깃 마케팅 및 전략적 의사결정 강화

[마케팅 4P적용]

– 제품 전략 적용: AI 기반 신제품 개발 및 추천

– 가격 전략 적용: 개인화 가격 및 동적 가격 정책

– 유통 전략 적용: 옴니채널 경험 최적화

– 촉진 전략 적용: 실시간 맞춤형 프로모션, SNS 캠페인

사례: 나이키, 스타벅스, 아마존 등 글로벌 기업의 AI 기반 전략 활용

3. 전략적 시사점 도출

“AI 시대 소비자 행동 연구 통합적 접근”과 실무 적용 사례 분석을 기반으

로 도출할 수 있는 전략적 시사점은 다음과 같이 정리할 수 있다.

1) 개인화 마케팅의 중요성 강화

- 분석 근거: Netflix, Amazon, Spotify 사례에서 추천 알고리즘 기반 개인화 경험이 고객 충성도와 구매 전환율 향상에 기여

소비자 행동 데이터를 기반으로 맞춤형 경험 제공 → 장기적 고객 관계 구축 및 브랜드 충성도에 제고한다.

2) 실시간 의사결정과 대응 전략 필요

- 분석 근거: Uber, Starbucks의 동적 가격/프로모션 전략에서 실시간 데이터 기반 의사결정이 매출과 운영 효율을 극대화

AI와 빅데이터를 활용한 즉각적 마케팅 대응 체계 구축 → 소비자 니즈 변화에 민첩하게 대응이 가능하다.

3) 인간-AI 협력적 의사결정 모델 설계

- 분석 근거: 챗봇, AI 상담 사례에서 AI가 반복적 업무를 자동화하고, 인간은 전략적·감성적 판단에 집중

AI와 인간의 협력 모델 구축 → 효율성 증대 및 고객 경험을 개선한다.

4) 소비자 세분화와 타겟팅의 정교화

- 분석 근거: Coca-Cola, Nike, Facebook Ads 사례에서 행동 기반 클러스터링으로 마케팅 효율 극대화.

행동 데이터 기반 세분화 → 정확한 타깃 마케팅과 ROI 향상, 자원 효율적으로 활용한다.

5) 데이터 활용과 윤리·지속가능성 균형

- 분석 근거: AI 기반 데이터 수집과 개인화 전략에서 개인정보 보호와 윤리적 고려 필요

데이터 활용 전략과 윤리적 가이드라인 병행 → 장기적 브랜드 신뢰와 지속가능한 마케팅을 실현한다.

6) 장기적 소비자 행동 변화 추적

- 분석 근거: AI 기반 예측 모델은 단기 행동 예측에는 효과적이지만, 장기적 트렌드 변화 분석 필요

장기적 데이터 모니터링 체계 구축 → 시장 변화에 따른 전략적 의사결정을 지원한다.

4. 윤리적·사회적 고려사항

"AI 시대 소비자 행동 연구와 실무 적용"에서 윤리적·사회적 고려사항은 매우 중요한 부분으로, 단순한 기술적 효율성을 넘어 소비자 권리와 사회적 책임을 포함한다. 체계적으로 정리하면 다음과 같다.

1) 개인정보 보호 및 데이터 활용 윤리

- 문제점: AI 기반 소비자 행동 분석에서 클릭, 구매, 위치, 소셜 데이터 등 방대한 개인정보가 수집됨
- 고려사항: 데이터 수집 및 처리 과정에서 동의 기반 원칙 준수
- 민감 정보(건강, 금융, 성향 등) 보호
- 익명화·암호화 등 기술적 보호 장치 적용
- 실무 적용 예: GDPR, CCPA 등 글로벌 개인정보 보호 규제 준수, 기업

내부 데이터 윤리 가이드라인 수립

2) 편향과 차별 방지

- 문제점: AI 모델 학습 데이터에 내재된 사회적·문화적 편향이 소비자 추천, 신용 평가, 광고 타겟팅 등에 영향을 미칠 수 있음
- 고려사항: 데이터 편향 검증과 정기적 모델 감사 실시
- 다양한 소비자 집단을 반영한 공정한 분석
- 실무 적용 예: 금융권 AI 신용평가에서 성별·연령 편향 최소화, 광고 타깃팅에서 인종·지역 차별 방지

3) 투명성과 설명 가능성

- 문제점: 소비자는 AI가 자신에게 맞춤형 추천이나 가격 전략을 적용하는 이유를 알기 어려움
- 고려사항: AI 의사결정 프로세스 설명 가능성(Explainable AI, XAI) 제공
- 소비자가 알고 선택할 수 있도록 투명한 안내
- 실무 적용 예: 금융 추천, 건강 관련 AI 앱에서 추천 근거 공개, 챗봇 답변 근거 제공

4) 사회적 영향 및 책임

- 문제점: AI 기반 마케팅이 소비자 과소비, 디지털 중독, 정보 격차 등 사회적 문제를 심화시킬 가능성
- 고려사항: 지속가능한 소비 촉진 전략
- 디지털 접근성(Accessibility) 확보, 사회적 약자 배려
- 장기적 소비자 복지 및 사회적 영향 평가
- 실무 적용 예: 친환경 제품 추천, 건강·교육 관련 AI 서비스 접근성 보장

5) 윤리적 디자인과 기업 책임

- 문제점: 기업이 단기적 매출만 추구하면 소비자 권리 침해 가능

- 고려사항: 윤리적 AI 설계와 사회적 책임(CSR) 연계
- 소비자 권익 보호, 공정성, 지속가능성 중심 전략 수립
- 실무 적용 예: AI 캠페인에서 과장광고 금지, 개인정보 최소 수집 원칙 적용
- 개인 정보 보호: 데이터 수집과 활용 과정에서 동의 확보
- 알고리즘 투명성: 편향과 차별 최소화
- 사회적 책임: 지속가능성과 윤리적 소비 고려
- 규제 준수: 국가별 법규 및 국제 규정 준수
- 실무 적용 시 전략적 성과와 윤리적 책임의 균형이 필요하다.

• AI 시대 소비자 행동 연구의 통합적 분석과 실무 적용

AI 기반 소비자 행동 분석의 4P 전략 적용

AI 기술은 기업이 소비자 행동 데이터를 통해 시장 변화에 신속히 대응하도록 지원하며, 마케팅 4P(Product, Price, Place, Promotion)를 통합적으로 최적화하는 핵심 도구로 자리 잡았다. 다음은 각 전략 영역별 실제 기업 사례를 통해 AI가 어떻게 전략 설계와 실무 적용을 혁신했는지를 살펴본다.

(1) 제품 전략(Product): 코카콜라(Coca-Cola)의 AI 기반 신제품 개발

코카콜라는 AI를 활용해 소비자 감성 분석(emotional sentiment analysis)과 트렌드 데이터를 결합함으로써, 기존에 없던 신제품 콘셉트를 발굴했다.

사례: ‘Coca-Cola Creations’ 시리즈(예: Dreamworld, Y3000, Marshmello Edition)

AI 활용 방식:

SNS 텍스트 데이터, 소비자 리뷰, 음악·패션 트렌드를 머신러닝으로 분석

‘미래에 대한 긍정적 감성’과 연관된 키워드(예: imagination, optimism)를 추출

이를 반영한 제품 콘셉트 및 패키지 디자인 도출

이 과정에서 코카콜라는 소비자 감성의 흐름을 데이터로 시각화하여 신제품 방향성을 결정했다.

결과적으로 “AI 감성 기반 제품 개발”은 단순한 맛의 변화가 아니라, 소비자 정체성

과 감정적 공감대를 중심으로 하는 브랜드 경험으로 확장되었다.

시사점:

AI는 '무엇을 만들 것인가'보다 '왜 만들어야 하는가'를 설명하는 근거로 진화.

데이터 기반 제품 혁신은 브랜드 정체성을 소비자 가치와 결합시킨다.

(2) 가격 전략(Price): 아마존(Amazon)의 동적 가격 알고리즘

아마존은 AI 기반 Dynamic Pricing System을 통해 전 세계 약 20억 개 이상의 제품 가격을 실시간으로 조정하고 있다.

AI 기능:

경쟁사 가격·재고 상황·소비자 클릭 및 장바구니 이력 데이터를 통합 분석

특정 상품에 대한 수요 예측 모델을 적용해 가격 탄력성 계산

수요가 급증할 경우 가격 인상, 재고 과잉 시 자동 할인

예를 들어, 블랙프라이데이와 같은 대규모 세일 기간 동안 AI는 소비자 구매 행동의 패턴을 실시간 예측하여, 할인율을 개별 상품별로 차등 적용함으로써 매출과 재고 회전율을 동시에 극대화했다.

시사점:

AI는 '고정 가격' 개념을 '상황 적응형 가격'으로 전환시킴.

소비자 행동 데이터는 단순한 예측 도구가 아니라 가격 결정의 실시간 근거로 기능한다.

(3) 유통 전략(Place): 월마트(Walmart)의 AI 물류 예측과 옴니채널 관리

월마트는 AI를 통해 오프라인과 온라인 구매 데이터를 통합, 재고 예측 및 물류 효율화를 극대화하고 있다.

AI 활용 내용:

매장 내 센서 데이터 + 온라인 주문 패턴 분석

날씨, 지역 행사, SNS 트렌드 등 외부 요인까지 고려한 수요 예측

매장별 상품 재배치 및 물류 경로 자동 최적화

또한 'Walmart Fulfillment Service'는 AI가 각 지역 고객의 행동 데이터를 기반으로 배송 루트와 재고 분배를 실시간 조정하여, '배송 지연 0' 정책을 목표로 운영된다.

시사점:

AI 기반 유통 전략은 단순한 효율화가 아니라 소비자 경험의 일관성을 보장한다.

소비자 행동 데이터는 물류와 경험 설계의 핵심 자원이다.

(4) 촉진 전략(Promotion): 넷플릭스(Netflix)의 개인화 캠페인

넷플릭스는 AI 기반 추천 알고리즘(Recommender System)을 통해 전 세계 2억 명 이상 이용자의 시청 행동 데이터를 분석한다.

AI 기능:

시청 시간, 탐색 패턴, 장르별 선호도, 중도 시청 중단 지점 등을 학습

각 이용자에게 맞춤형 콘텐츠 포스터·예고편·추천순위를 실시간 제공

지역별 감성 데이터를 분석해 캠페인 문구 및 이미지 차별화

예를 들어, 동일한 영화라도 한국 이용자에게는 감성적 서사 중심 포스터, 미국 이용자에게는 액션 장면 중심 포스터를 자동 노출시킨다. 이 개인화는 단순 추천을 넘어 '감정 맞춤형 마케팅'(emotionally adaptive marketing)으로 발전했다.

시사점:

개인화 마케팅은 '데이터 기반 설득'이 아니라 '경험 중심 관계 형성'으로 진화.

AI는 소비자의 감정 변화를 읽는 새로운 촉진 도구로 작동한다.

(5) 국내 사례: 무신사(MUSINSA)의 AI 추천과 동적 프로모션

무신사는 AI 알고리즘을 활용해 소비자 행동 데이터를 정교하게 분석하고, 패션 트렌드 예측·개인 맞춤 추천·가격 자동 조정을 결합한 하이브리드 마케팅을 운영하고 있다.

소비자별 '스타일 DNA'를 분석해 상품 큐레이션 제공

AI 예측 모델을 통한 세일 타이밍 자동화

클릭 패턴에 따른 실시간 할인 쿠폰 제공

이러한 실시간 소비자 반응형 마케팅은 소비자 만족도와 재구매율을 동시에 향상시켰으며, AI 기반 전략의 실질적 성과를 입증한 국내 대표 사례로 평가된다.

국내 기업도 AI를 단순한 분석 도구가 아닌 전략적 의사결정 엔진으로 활용 중.

'데이터 기반 개인화'는 곧 브랜드 충성도로 연결된다.

종합 정리

[전략 영역/ 대표 사례/ 핵심 AI 활용/ 실무적 성과]

* Product: Coca-Cola
  - 감성·트렌드 데이터 분석
  - 신제품 콘셉트 혁신
* Price: Amazon
  - 동적 가격 알고리즘

- 매출·재고 효율화

* Place : Walmart
  - 수요 예측·물류 최적화
  - 배송 효율·경험 향상
* Promotion: Netflix / 무신사
  - 개인화 추천·감정 분석
  - 고객 충성도 강화

AI는 단순한 마케팅 지원 도구가 아니라, 소비자 행동 기반의 전략적 사고 체계를 가능하게 하는 '지능형 파트너'로 작동하고 있다.

각 기업은 AI를 통해 데이터를 읽고, 소비자를 이해하며, 가치 중심의 전략 설계(Value-driven Strategy)로 진화하고 있다.

[AI 기반 맞춤형 마케팅 전략 사례: 스타벅스의 'Deep Brew' 시스템]

스타벅스는 'Deep Brew'라는 인공지능 플랫폼을 도입하여 고객 데이터(구매이력, 시간대, 위치, 날씨 등)를 분석하고, 개인화된 음료 추천과 쿠폰을 제공한다.

AI는 단순히 판매 효율성을 높이는 것을 넘어, 매장 내 재고 관리, 인력 배치, 고객 경험 개선까지 연결된다.

이 과정에서 마케팅의 4P(Product, Price, Place, Promotion) 전략이 AI 중심으로 재구성되었다.

[구분/ AI 적용 내용/ 전략적 시사점]

* Product
  - 개인 맞춤형 음료 추천, 계절별 수요 예측

- 제품 다양화 및 개인화

* Price

  - 구매이력 기반 할인율 조정

  - 동적 가격(Dynamic Pricing) 도입

* Place

  - 위치정보 기반 매장 혼잡도 예측

  - 효율적 매장 운영

* Promotion

  - AI 챗봇을 통한 프로모션 제안

  - 개별 고객 맞춤형 마케팅

토의 질문

1. 스타벅스의 AI 기반 4P 전략 중 가장 효과적인 요소는 무엇이며, 그 이유는 무엇인가요?

2. AI가 소비자 행동을 분석할 때 발생할 수 있는 윤리적 문제(예: 프라이버시 침해, 과도한 맞춤화) 는 무엇인가요?

3. 'Deep Brew' 같은 AI 시스템을 중소기업이나 소상공인이 활용할 수 있는 현실적 방법은 있을까요?

4. AI 중심의 마케팅 전략이 장기적으로 소비자 신뢰에 어떤 영향을 미칠까요?

5. 여러분이 마케팅 담당자라면, AI 분석 결과와 인간의 직관이 충돌할 때 어떤 기준으로 의사결정을 내리겠습니까?

* 워크시트 활동

AI 마케팅 4P 전략 정리표

항목	기존 전략	AI 기반 전략	기대 효과	잠재적 위험
Product				
Price				
Place				
Promotion				

활동:

팀별로 한 브랜드(예: 쿠팡, 무신사, 이마트, 배달의민족 등)를 선택하고, 기존 4P 전략을 AI 중심으로 재설계해 보세요.

제10장

AI 시대 소비자 행동의 전략적 통찰과 조직 내 활용

AI 시대의 소비자 행동론

학습목표

AI 기반 소비자 행동 분석으로 도출할 수 있는 전략적 통찰을 이해한다.
조직 내 의사결정과 마케팅 전략 수립에 AI를 활용하는 방법을 설명할 수 있다.
조직 구조와 프로세스 관점에서 AI 활용 전략을 설계할 수 있다.
윤리적 · 사회적 고려사항을 포함한 조직 내 AI 적용 방안을 평가할 수 있다.

핵심용어

전략적 통찰(Strategic Insight), 조직 활용(Organizational Application), AI 기반 의사결정(AI-driven Decision Making), 소비자 행동 분석(Consumer Behavior Analytics), 데이터 중심 조직(Data-driven Organization), 디지털 전환(Digital Transformation), 옴니채널 전략(Omnichannel Strategy), 윤리적 적용(Ethical Application)

제10장

AI 시대 소비자 행동의 전략적 통찰과 조직 내 활용

21세기는 인공지능(AI)과 데이터가 소비자 행동의 모든 단면을 재구성하는 시대이다. 소비자는 더 이상 단순히 제품을 구매하는 존재가 아니라, 자신의 행동·선호·감정 데이터를 끊임없이 생성하는 '데이터 생산자이자 피드백 제공자'로 기능한다. 이러한 변화 속에서 기업과 조직은 단순한 소비자 분석을 넘어, AI를 통해 얻은 데이터를 전략적 통찰(strategic insight)로 전환하고, 이를 의사결정 구조와 조직문화에 통합하는 과제에 직면해 있다. 즉, 오늘날의 핵심 질문은 "AI가 소비자를 어떻게 이해하는가?"가 아니라, "AI로부터 얻은 통찰을 조직이 어떻게 전략적으로 활용하는가"로 이동하고 있다.

소비자 행동 연구의 전통적 접근은 심리적 요인과 의사결정 과정을 중심으로 발전해왔으나, AI는 이러한 틀을 넘어선다. 머신러닝과 빅데이터 분석은 수백만 명의 행동 패턴을 실시간으로 학습하며, 개인별 맥락에 맞춘 맞춤형 경험(personalized experience)을 제공한다. 동시에 AI는 소비자 행동의 예측 가능성을 높이지만, 그 해석과 활용 과정에서는 인간의 윤리적 판단과 전략적 사고가 여전히 필요하다. 따라서 본 에세이는 AI 시대 소비자 행동 분석이 제공하는 전략적 통찰의 본질을 탐색하고, 그러한 인사이트를 조직 내에서 어떻게 구조적으로 활용할 수 있는지를 살펴보고자 한다.

1) AI 기반 소비자 행동 분석의 특징

AI 기반 소비자 분석은 전통적 설문조사나 표본 분석에서 벗어나, 디지털 흔적(digital footprint)과 같은 비정형 데이터를 활용한다. 이는 구매 이력, SNS 감정, 검색 패턴, 위치 데이터 등 다양한 행동 지표를 종합해 소비자의 '잠재적 욕구'를 예측할 수 있게 한다. 특히 딥러닝(deep learning)을 통한 이미지·음성 인식 기술은 소비자의 감정 상태를 읽고, 브랜드 반응을 정량화할 수 있게 했다. 이처럼 AI는 단순히 '무엇을 샀는가'가 아니라 '왜 그런 행동을 했는가'를 실시간으로 추론함으로써 소비자 이해의 깊이를 확장한다.

AI가 제공하는 가장 큰 변화는 인사이트의 실시간성(real-time insight)이다. 기존 마케팅은 조사 → 분석 → 실행의 선형적 구조를 가졌으나, AI는 데이터 수집과 분석, 전략 실행이 순환적으로 연결된 '학습하는 시스템(learning system)'을 구축한다. 이로써 소비자와 조직은 끊임없이 상호작용하며, 전략은 고정된 계획이 아니라 지속적으로 업데이트되는 프로세스로 기능한다.

2) 전략적 통찰의 개념과 구성요소

전략적 통찰이란 단순한 데이터 해석을 넘어, 분석 결과를 조직의 방향성과 연결시키는 능력이다. 이는 세 가지 구성요소로 정리될 수 있다.

① 패턴 인식(pattern recognition): 방대한 데이터 속에서 의미 있는 행동 패턴을 발견하는 능력.

② 맥락 해석(contextual interpretation): 패턴의 원인을 사회적·문화적·심리적 맥락에서 해석하는 과정.

③ 전략적 적용(strategic application): 해석된 통찰을 실제 조직의 의사결정·운영·문화에 반영하는 단계.

AI는 ①의 영역에서 탁월한 성능을 보이지만, ②와 ③은 여전히 인간의 판단이 필요하다. 따라서 AI 인사이트의 전략적 활용은 인간-기계 협력(human-

AI collaboration)의 형태로 이루어져야 한다.

3) 조직 내 활용 모델

조지은 AI 소비지 분석을 다양한 부서와 기능에 통합할 수 있다.

부서	활용 영역	기대 효과
마케팅	소비자 세분화, 맞춤형 광고	광고 효율 및 고객 충성도 향상
제품개발	사용자 피드백 기반 개선	제품 혁신 주기 단축
전략기획	예측 분석 기반 리스크 관리	시장 변화 대응력 강화
인사/조직	데이터 리터러시·AI 협업 문화 조성	혁신적 조직문화 확립

AI 인사이트는 조직의 데이터 거버넌스 체계와 결합할 때 진정한 전략적 힘을 발휘한다. 그러나 많은 조직은 여전히 '분석 결과'를 전략적 실행으로 전환하지 못한다. 그 이유는 기술적 한계보다, 데이터에 기반한 의사결정을 수용할 조직문화적 역량이 부족하기 때문이다.

AI 기반 전략이 성공하기 위해서는,

① 데이터 중심 사고(data-driven mindset) 정착,

② 부서 간 협업 체계(cross-functional collaboration) 강화,

③ 윤리적 데이터 활용(ethical data use)의 원칙 확립이 필수적이다.

4) 사례 분석

Amazon은 머신러닝 기반의 예측 분석을 통해 '소비자가 주문하기 전'에 재고를 배치하는 예측 물류 시스템을 운영한다. 이는 소비자 행동 데이터의 실시간 분석이 기업 전략과 직접적으로 연결된 대표적 사례이다. Netflix 역시 AI 알고리즘을 통해 이용자의 시청 패턴을 학습하고, 개인화된 콘텐츠를 추천함으로써 이탈률을 최소화하고 충성도를 강화했다. 반면 일부 기업은 AI 분석 결과를 조직이 수용하지 못하거나, 데이터의 의미를 '정성적 통찰'로 해석하지 못해 전략 실패를 경험했다. 이 대조적 사례는 기술 그 자체보다 AI를 전략적으로 해석하고 조직 내에 녹여내는 리더십이 중요함을 시사한다.

AI 시대의 소비자 행동 분석은 더 이상 단순한 마케팅 도구가 아니다. 그

것은 조직의 전략적 의사결정의 중심축으로 작동하며, 소비자의 미시적 행동에서 거시적 시장 트렌드까지 통합적으로 해석할 수 있게 한다. 그러나 AI가 제시하는 데이터는 언제나 불완전하며, 그 의미를 해석하고 윤리적 방향으로 활용하는 것은 인간의 몫이다.

따라서 조직은 AI 분석 능력뿐 아니라, 인문적 감수성과 전략적 사고를 결합한 'AI 리터러시'를 갖추어야 한다. 기술이 데이터를 수집하고 패턴을 인식한다면, 인간은 그 데이터를 통해 '의미'를 발견하고 '방향'을 제시해야 한다.

결국 AI 시대의 핵심 경쟁력은 기술이 아니라, 데이터로부터 통찰을 도출하고 조직의 전략으로 전환할 수 있는 인간 중심적 역량에 있다. 소비자 행동의 변화는 끝없이 이어지지만, 그 변화를 통찰로 바꾸는 힘은 여전히 인간의 손에 달려 있다.

1. AI 기반 전략적 통찰

AI 기반 전략적 통찰(AI－driven Strategic Insight)이란 "AI 기술이 생성한 데이터 분석 결과를 단순한 정보 수준에 머무르지 않고, 조직의 장기적 목표와 의사결정 방향에 연결하는 지적·전략적 과정"을 의미한다.

즉, AI → 데이터 → 인사이트 → 전략 → 실행 → 학습 피드백으로 이어지는 지속적 순환 구조를 통해, AI가 단순 분석 도구가 아닌 전략적 사고의 파트너로 기능하게 된다.

1) AI 기반 전략적 통찰의 3단계 구조

[단계/ 핵심 활동/ 주요 기술/ 인간의 역할]

(1) 데이터 감지(Detection)단계

－ 다양한 소비자 행동 데이터 수집 및 패턴 인식
－ 머신러닝, NLP, 딥러닝
－ 데이터 선택과 전처리 기준 설정

(2) 의미 해석(Interpretation)단계

- AI가 탐지한 패턴의 원인·맥락 해석
- 감정분석, 시맨틱 분석
- 인문적·사회적 맥락에서 해석

(3) 전략 전환(Strategic Conversion)단계

- 통찰을 조직의 전략, 의사결정, 정책으로 전환
- 예측모델, 시뮬레이션
- 실행 가능성 검토 및 윤리적 판단

이 구조의 핵심은 "AI는 패턴을 발견하고, 인간은 의미를 부여한다." 즉, 전략적 통찰은 인간과 AI의 협업 산물이다.

2) 특징

(1) 실시간성(Real-time Insight)

- AI는 데이터 변화를 실시간으로 감지하여, 조직이 빠르게 대응할 수 있게 한다.
- 예: 실시간 SNS 트렌드 분석을 통한 마케팅 메시지 수정.

(2) 맥락성(Contextual Intelligence)

- 동일한 데이터라도 사회적·문화적 맥락을 고려해야 의미가 달라진다.
- 예: "소비자 불만" 데이터는 단순 부정이 아니라 개선 요구의 표현일 수 있음.

(3) 예측 가능성(Predictive Capability)

- 과거의 행동 데이터를 학습해 미래 소비 행동을 예측.
- 예: Netflix의 '시청 중단 예측 모델'을 통한 개인화 콘텐츠 추천.

(4) 윤리적 책임(Ethical Responsibility)

- AI 분석의 투명성, 편향성, 개인정보 보호 문제를 고려해야 함.
- 전략은 '효율'뿐 아니라 '신뢰' 위에 세워져야 지속가능함.

3) 대표 사례

[기업/ 적용 분야/ 전략적 통찰 내용/ 결과]

* Amazon
- 물류·재고 관리
- 예측배송(Anticipatory Shipping)으로 고객 주문 전 배송 준비
- 배송시간 20% 단축

* Starbucks
- 고객 경험
- AI 기반 구매 패턴 분석으로 지역별 맞춤 메뉴 출시
- 재구매율 상승

* Netflix
- 콘텐츠 추천
- 시청 중단 시점 분석으로 콘텐츠 구조 재설계
- 고객 유지율 향상

* 현대자동차
- 브랜드 전략
- 소비자 감정데이터 분석을 통한 차량 UX 개선
- 브랜드 충성도 상승

AI 기반 전략적 통찰은 단순히 데이터를 읽는 기술이 아니라, 데이터에서 의미를 추출해 '조직의 지식'으로 전환하는 능력이다.

AI가 분석의 깊이를 제공한다면, 인간은 그 분석에 맥락, 가치, 윤리를 부여한다.

결국 전략적 통찰이란 "기술과 인간이 협력하여 데이터 속에서 미래를 읽는 지적 과정"이며, "AI를 통해 인간의 사고가 확장되는 새로운 조직 지능(organizational intelligence)"의 형태라고 할 수 있다.

2. 조직 내 AI 활용 전략

"AI 기반 전략적 통찰"의 실행단계(Execution Stage)에 해당하며, AI를 단순한 기술 도입이 아닌 조직 문화·구조·의사결정 체계 전반에 통합하는 전략을 말한다.

AI의 확산은 단순한 자동화(automation)를 넘어 지능적 협력(intelligent collaboration)의 단계로 진입하였다.

조직은 이제 'AI를 사용할 것인가'가 아니라, '어떻게 활용할 것인가'를 고민해야 하는 시점에 있다.

AI 활용 전략의 본질은 기술 도입이 아니라 조직의 의사결정, 학습, 혁신 구조를 재설계하는 일이다.

즉, AI는 효율성을 높이는 도구를 넘어, 전략적 사고의 파트너(Strategic Partner)로 작동해야 한다.

1) 운영 효율화 전략(Operational Efficiency Strategy)

AI는 반복적·예측 가능한 업무를 자동화함으로써 운영비를 절감하고 오류를 줄인다.

사례: 제조업의 예지정비(Predictive Maintenance), 물류의 AI 수요예측, 고객센터의 챗봇 자동응대.

핵심: 인간의 노동을 대체하는 것이 아니라, 효율성을 높이고 고부가가치 활동으로 이동시키는 것.

2) 의사결정 지원 전략(Decision Intelligence Strategy)

AI는 방대한 데이터를 기반으로 의사결정의 질(quality)을 향상시킨다.

주요 내용:

실시간 데이터 기반 의사결정(Real-time Decisioning)

시뮬레이션·예측 모델을 통한 전략 검증

인간-AI 협력(Human-in-the-loop) 구조를 통한 위험 관리

사례:

금융기관의 AI 리스크 분석 시스템

마케팅 부서의 AI 소비자 세분화와 캠페인 최적화

전략 포인트:

"AI는 의사결정을 대체하는 것이 아니라, 확장(augment)한다."

3) 지식·학습 조직 전략(Learning Organization Strategy)

AI는 조직의 경험을 데이터로 학습하여, 지속적인 개선과 혁신을 촉진한다.

AI 기반 지식관리(Knowledge Management): 문서·사례·성과 데이터를 AI가 분류, 추천, 검색

AI 튜터 시스템: 신입 직원 교육·내부 역량 강화에 맞춤형 학습 제공

핵심 효과: 조직이 "지식의 축적"에서 "지능의 순환(Intelligence Cycle)"으로 발전

4) 고객 중심 전략(Customer-Centric AI Strategy)

AI는 고객 경험(CX)을 실시간으로 개선하며, 소비자 행동을 예측하고 감정을 이해한다.

[전략 영역/ AI 활용 예시/ 효과]

맞춤형 서비스
- 추천 알고리즘, 개인화 마케팅
- 고객 충성도 상승

감정 분석
- 리뷰·SNS 감성 분석
- 브랜드 이미지 개선

실시간 피드백
- 음성·영상 인식 기술
- 고객 경험 강화

핵심 메시지
- AI는 데이터를 기반으로 "고객의 마음을 읽는 기술"로 진화하고 있다.

5) 조직 문화 및 윤리 전략(Cultural & Ethical AI Strategy)

AI의 성공적 활용은 기술이 아니라 사람과 문화의 문제이다.
AI 리터러시(AI Literacy): 전 직원이 AI를 이해하고 협력할 수 있는 기본 역량 확보
윤리적 설계(Ethical Design): 투명성, 편향 방지, 개인정보 보호
리더십: 데이터 중심 리더(Data-driven Leader)-AI의 한계를 인식하고 인간적 판단을 병행하는 '휴먼 리더십' 필요
조직문화 전환: '데이터가 말하게 하라'(Let Data Speak), '실패로부터 학습하는 문화' 구축

AI 활용의 궁극적 목적은 의사결정의 인간화를 강화하는 것이다.

AI가 제공하는 데이터 기반 통찰을 인간의 가치 판단과 결합해야 조직은 지속가능한 혁신을 실현할 수 있다.

AI는 조직의 효율을 높이지만, 인간의 통찰과 윤리가 더해질 때 비로소 전략이 된다.

AI는 기술이 아니라 조직 사고방식의 전환 도구다.

전략은 "AI가 무엇을 할 수 있는가?"가 아니라, "AI를 통해 우리가 무엇을 새롭게 볼 수 있는가?"에 초점을 맞춰야 한다.

AI 시대의 경쟁력은 데이터가 아니라 해석력, 기술이 아니라 통찰력이다.

3. 전략 설계와 실무 적용(4P 적용)

전략 설계와 실무 적용은 "AI 시대 소비자 행동의 전략적 통찰과 조직 내 활용"의 핵심 실무 파트로 아주 중요하다.

기업이 AI 기반 소비자 분석 결과를 실제 4P 전략(Product, Price, Place, Promotion)에 어떻게 반영하는가를 보여준다.

전략 설계와 실무 적용으로 AI 기반 소비자 행동의 4P 통합 전략을 살펴보자.

AI 기술은 소비자 행동 데이터를 실시간으로 분석하여 기업의 마케팅 믹스(4P: 제품·가격·유통·촉진)를 정교하게 설계하고, 즉각적으로 조정할 수 있는 환경을 제공한다. 전통적인 마케팅이 과거의 통계적 예측에 의존했다면, AI는 현재의 데이터와 미래의 가능성을 동시에 분석함으로써 전략의 민첩성과 정밀성을 높인다. 아래에서는 AI 기반 소비자 행동 분석이 각 전략 영역에서 어떻게 실무적으로 적용되는지를 살펴본다.

1) 제품 전략(Product): 소비자 행동 기반 신제품 개발 및 개선

AI는 소비자의 구매 이력, 검색 패턴, 후기 감성분석 등을 통합해 숨겨진 니즈(latent needs)를 파악한다. 이를 통해 기업은 시장조사 단계를 단축하고, 고객 중심 제품을 빠르게 설계할 수 있다.

[적용 예시]

– 딥러닝 기반 트렌드 분석을 활용한 신제품 콘셉트 도출

(사례: 코카콜라의 '크리에이션즈' AI 감성음료 시리즈)

- 소비자 후기 데이터 분석을 통한 제품 개선 포인트 추출
- AR·VR 시뮬레이션을 활용한 사용자 경험(UX) 테스트

AI 분석은 단순히 제품 성능을 향상시키는 것을 넘어, 소비자의 가치 지향성(value orientation)과 감성적 반응(emotional response)을 동시에 반영하여 제품의 브랜드 의미를 재정의하게 한다.

2) 가격 전략(Price): AI 예측 기반 동적 가격 정책

가격 결정은 AI 시대에 가장 혁신적으로 변화한 영역이다. AI 예측 모델은 수요 탄력성, 경쟁사 가격, 소비자 반응 데이터를 실시간으로 분석하여 최적의 가격대를 자동 조정할 수 있다.

[적용 예시]

- 항공·호텔 산업의 Dynamic Pricing(수요 기반 가격 조정)
- 전자상거래 플랫폼의 AI 기반 가격 추천 시스템
- 소비자 행동 예측에 따른 프로모션 시점 자동화

이러한 동적 가격 전략은 수익 극대화뿐 아니라, 소비자 심리적 만족감(Price Perception)을 함께 고려해야 한다. 따라서 기업은 AI의 계산적 효율성과 인간의 감성적 판단 사이의 균형을 유지해야 한다.

3) 유통 전략(Place): 옴니채널 전략 최적화

AI는 온라인과 오프라인을 통합하는 옴니채널(Omni-channel) 환경에서 물류, 재고, 고객 경험의 흐름을 효율적으로 관리한다.

[적용 예시]

- AI 예측 물류 시스템으로 재고 분산 관리 최적화
- 위치 기반 데이터 분석을 통한 매장 배치 개선

– 고객 행동 트래킹 기반 '경험 동선 설계'

기업은 고객이 어떤 경로로 브랜드를 접하든 일관된 경험(Seamless Experience)을 제공할 수 있게 된다.

4) 촉진 전략(Promotion): 실시간 개인화 캠페인과 디지털 경험 강화

AI는 소비자 행동 데이터(클릭, 시청 시간, 반응 패턴 등)를 바탕으로 캠페인을 자동화하고, 맞춤형 메시지(personalized message)를 실시간 제공한다.

[적용 예시]

– Chat GPT나 Replika와 같은 AI 대화형 광고모델
– 감정 인식(Emotion AI)을 활용한 콘텐츠 반응형 캠페인
– TikTok, YouTube 알고리즘 기반의 마이크로 타깃팅

AI 촉진 전략의 핵심은 단순한 자동화가 아니라, 소비자와의 정서적 연결(emotional engagement)을 강화하는 것이다. 디지털 환경에서의 개인화는 구매 전환뿐 아니라 브랜드 충성도(loyalty) 형성에도 직결된다.

조직 내 AI 활용은 전략 설계와 실무 적용을 통합하는 과정이다.

AI 기반 소비자 행동 분석은 4P 각각을 고립적으로 다루지 않고, 통합적 관점에서의 전략적 설계를 가능하게 한다.

예를 들어, 제품 기획 단계의 소비자 데이터는 가격 민감도 분석에 활용되고, 이는 다시 옴니채널 캠페인 설계로 이어진다. 즉, AI는 데이터–전략–실행의 순환적 체계(closed–loop system)를 형성하여, 조직 전체가 소비자 중심적 의사결정 구조로 진화하도록 돕는다.

4. 윤리적·사회적 고려

AI가 소비자 행동을 정밀하게 분석하고, 기업 전략의 핵심 도구로 자리 잡

으면서 데이터의 윤리성과 사회적 책임성이 중대한 이슈로 부상하고 있다. AI는 효율성과 정밀성을 제공하지만, 동시에 프라이버시 침해, 알고리즘 편향, 소비자 조작(manipulation) 등 새로운 위협을 내포한다. 따라서 AI 시대의 마케팅 전략은 기술적 혁신뿐 아니라, 인간 중심의 가치 체계 위에서 설계되어야 한다.

1) 데이터 프라이버시와 소비자 동의의 문제

AI 기반 소비자 분석의 출발점은 데이터다. 하지만 소비자 데이터는 단순한 정보가 아니라 개인의 정체성과 일상, 감정이 담긴 민감한 자산이다.

[주요 쟁점]

– 데이터 수집 과정에서의 '명시적 동의(explicit consent)' 부족
– 쿠키·위치 기반 추적 등 비가시적 수집 행위
– 데이터 결합 과정에서의 개인식별 가능성

AI 시대의 기업은 데이터 활용을 넘어 '데이터 거버넌스(Data Governance)'와 투명성(Transparency)을 확보해야 한다. 사례로, 유럽연합(EU)의 GDPR(General Data Protection Regulation)은 이용자의 정보 통제권을 보장하며, 한국 또한 2023년 개정된 개인정보보호법을 통해 동의 중심 원칙을 강화하고 있다. 결국 기업의 신뢰는 데이터 관리의 투명성에서 비롯된다.

2) 알고리즘 편향과 공정성(Fairness)의 문제

AI 알고리즘은 인간의 편견을 학습할 수 있다. 특히 소비자 행동 데이터를 기반으로 한 예측 모델이 특정 집단(성별, 연령, 지역 등)에 불리하게 작용할 가능성이 존재한다. 사례로, AI 광고 시스템이 과거 구매 이력 데이터를 학습하면서 여성에게는 패션 광고만, 남성에게는 기술 제품만 노출하는 편향된 결과를 낳을 수 있다. 이는 기업의 효율성을 높이는 대신, 소비자 다양성과 공정성을 저해하는 결과로 이어진다. 따라서 기업은 Explainable AI(설명 가능한 AI) 체계를 구축하여 알고리즘의 의사결정 과정을 점검하고, AI 윤리위원회(AI Ethics Board)

나 데이터 감시 기구(Audit Committee)를 운영하여 공정성과 투명성을 확보해야 한다.

3) 소비자 조작과 심리적 영향의 문제

AI는 소비자의 관심, 감정, 피로도까지 실시간으로 분석하여 메시지를 조정한다. 이러한 기능은 효율적 마케팅을 가능하게 하지만, 동시에 소비자의 의사결정을 조작(manipulate)하거나 과소비를 유도할 위험도 크다.

- 사례: 소셜 미디어 플랫폼의 알고리즘이 '중독성 높은 콘텐츠'를 지속 노출하여 주의력 소비를 유도하는 현상이다
- 문제점: 소비자의 자율적 선택권 침해, 정보 비대칭 심화이다.

이에 대한 해결책으로는 디지털 웰빙(Digital Well-being) 개념을 마케팅 설계에 포함시키는 것이 필요하다. 즉, 기업은 '얼마나 더 소비하게 만들 것인가' 보다 '소비자가 더 나은 선택을 하도록 돕는가'에 초점을 맞춰야 한다.

4) 사회적 신뢰와 기업의 책임

AI 마케팅의 윤리적 고려는 단순한 법적 규제 준수를 넘어, 사회적 신뢰(Social Trust) 형성과 직결된다.

소비자는 이제 제품보다 가치(Value)를 소비하며, 데이터의 투명성과 기업의 윤리적 태도를 브랜드 신뢰의 기준으로 삼는다.

윤리적 AI 활용은 기업 평판(Reputation) 관리의 핵심 자산이며, 공정성·투명성·책임성을 확보한 조직은 지속가능한 경쟁우위(Sustainable Advantage) 확보에 가능하다. 따라서 기업은 AI 기술의 사회적 파급력을 인식하고, 책임 있는 혁신(Responsible Innovation) 전략을 실행해야 한다. 이는 단순히 'AI를 잘 쓰는 것'이 아니라, AI를 올바르게 사용하는 문화를 정착시키는 과정이다.

인간 중심 AI 마케팅의 패러다임으로 AI 시대의 마케팅은 '데이터 중심(Data-centric)'에서 '인간 중심(Human-centric)'으로 전환되어야 한다.

AI는 인간의 직관을 보완하지만, 인간의 가치 판단을 대체할 수 없다.

따라서 향후 소비자 행동 분석과 전략 설계는 다음의 원칙 위에서 이루어져야 한다.

– 투명성(Transparency): 소비자에게 데이터 활용 목적과 방식 명시
– 공정성(Fairness): 알고리즘 편향 제거 및 결과 검증
– 책임성(Accountability): 기업 내 윤리 거버넌스 강화
– 인간성(Humanity): 소비자 자율성과 복지 증진을 최우선 가치로 설정

결국 AI 마케팅의 미래는 기술적 완성도가 아니라 윤리적 성숙도에 의해 결정된다.

AI를 통해 소비자 행동을 읽는 시대일수록, 소비자의 인간적 가치와 존엄을 중심에 두는 조직 문화가 진정한 경쟁력이 될 것이다.

케이스 스터디: AI 기반 소비자 행동 분석의 4P 전략 적용

AI 기술은 기업이 소비자 행동 데이터를 통해 시장 변화에 신속히 대응하도록 지원하며, 마케팅 4P(Product, Price, Place, Promotion)를 통합적으로 최적화하는 핵심 도구로 자리 잡았다. 다음은 각 전략 영역별 실제 기업 사례를 통해 AI가 어떻게 전략 설계와 실무 적용을 혁신했는지를 살펴본다.

1) 제품 전략(Product): 코카콜라(Coca-Cola)의 AI 기반 신제품 개발

코카콜라는 AI를 활용해 **소비자 감성 분석(emotional sentiment analysis)**과 트렌드 데이터를 결합함으로써, 기존에 없던 신제품 콘셉트를 발굴했다.

사례: 'Coca-Cola Creations' 시리즈(예: Dreamworld, Y3000, Marshmello Edition)

AI 활용 방식:

SNS 텍스트 데이터, 소비자 리뷰, 음악·패션 트렌드를 머신러닝으로 분석

'미래에 대한 긍정적 감성'과 연관된 키워드(예: imagination, optimism)를 추출

이를 반영한 제품 콘셉트 및 패키지 디자인 도출

이 과정에서 코카콜라는 소비자 감성의 흐름을 데이터로 시각화하여 신제

품 방향성을 결정했다.

결과적으로 "AI 감성 기반 제품 개발"은 단순한 맛의 변화가 아니라, 소비자 정체성과 감정적 공감대를 중심으로 하는 브랜드 경험으로 확장되었다.

시사점:

AI는 '무엇을 만들 것인가'보다 '왜 만들어야 하는가'를 설명하는 근거로 진화.

데이터 기반 제품 혁신은 브랜드 정체성을 소비자 가치와 결합시킨다.

2) 가격 전략(Price): 아마존(Amazon)의 동적 가격 알고리즘

아마존은 AI 기반 Dynamic Pricing System을 통해 전 세계 약 20억 개 이상의 제품 가격을 실시간으로 조정하고 있다.

AI 기능:

경쟁사 가격·재고 상황·소비자 클릭 및 장바구니 이력 데이터를 통합 분석

특정 상품에 대한 수요 예측 모델을 적용해 가격 탄력성 계산

수요가 급증할 경우 가격 인상, 재고 과잉 시 자동 할인

예를 들어, 블랙프라이데이와 같은 대규모 세일 기간 동안 AI는 소비자 구매 행동의 패턴을 실시간 예측하여, 할인율을 개별 상품별로 차등 적용함으로써 매출과 재고 회전율을 동시에 극대화했다.

시사점:

AI는 '고정 가격' 개념을 '상황 적응형 가격'으로 전환시킴.

소비자 행동 데이터는 단순한 예측 도구가 아니라 가격 결정의 실시간 근거로 기능한다.

3) 유통 전략(Place): 월마트(Walmart)의 AI 물류 예측과 옴니채널 관리

월마트는 AI를 통해 오프라인과 온라인 구매 데이터를 통합, 재고 예측 및 물류 효율화를 극대화하고 있다.

AI 활용 내용:

매장 내 센서 데이터 + 온라인 주문 패턴 분석

날씨, 지역 행사, SNS 트렌드 등 외부 요인까지 고려한 수요 예측

매장별 상품 재배치 및 물류 경로 자동 최적화

또한 'Walmart Fulfillment Service'는 AI가 각 지역 고객의 행동 데이터를 기반으로 배송 루트와 재고 분배를 실시간 조정하여, '배송 지연 0' 정책을 목표로 운영된다.

시사점:

AI 기반 유통 전략은 단순한 효율화가 아니라 소비자 경험의 일관성을 보장한다.

소비자 행동 데이터는 물류와 경험 설계의 핵심 자원이다.

4) 촉진 전략(Promotion): 넷플릭스(Netflix)의 개인화 캠페인

넷플릭스는 AI 기반 추천 알고리즘(Recommender System)을 통해 전 세계 2억 명 이상 이용자의 시청 행동 데이터를 분석한다.

AI 기능:

시청 시간, 탐색 패턴, 장르별 선호도, 중도 시청 중단 지점 등을 학습

각 이용자에게 맞춤형 콘텐츠 포스터·예고편·추천순위를 실시간 제공

지역별 감성 데이터를 분석해 캠페인 문구 및 이미지 차별화

예를 들어, 동일한 영화라도 한국 이용자에게는 감성적 서사 중심 포스터, 미국 이용자에게는 액션 장면 중심 포스터를 자동 노출시킨다. 이 개인화는 단순 추천을 넘어 '감정 맞춤형 마케팅'(emotionally adaptive marketing)으로 발전했다.

시사점:

개인화 마케팅은 '데이터 기반 설득'이 아니라 '경험 중심 관계 형성'으로 진화.

AI는 소비자의 감정 변화를 읽는 새로운 촉진 도구로 작동한다.

5) 국내 사례: 무신사(MUSINSA)의 AI 추천과 동적 프로모션

무신사는 AI 알고리즘을 활용해 소비자 행동 데이터를 정교하게 분석하고, 패션 트렌드 예측·개인 맞춤 추천·가격 자동 조정을 결합한 하이브리드 마케팅을 운영하고 있다.

소비자별 '스타일 DNA'를 분석해 상품 큐레이션 제공

AI 예측 모델을 통한 세일 타이밍 자동화

클릭 패턴에 따른 실시간 할인 쿠폰 제공

이러한 실시간 소비자 반응형 마케팅은 소비자 만족도와 재구매율을 동시에 향상시켰으며, AI 기반 전략의 실질적 성과를 입증한 국내 대표 사례로 평가된다.

시사점:

국내 기업도 AI를 단순한 분석 도구가 아닌 전략적 의사결정 엔진으로 활용 중.

'데이터 기반 개인화'는 곧 브랜드 충성도로 연결된다.

[전략 영역/ 대표 사례/ 핵심 AI 활용/ 실무적 성과]

* Product

– Coca–Cola

– 감성·트렌드 데이터 분석

– 신제품 콘셉트 혁신

* Price

– Amazon

– 동적 가격 알고리즘

– 매출·재고 효율화

* Place

– Walmart

– 수요 예측·물류 최적화

– 배송 효율·경험 향상

* Promotion

– Netflix / 무신사

– 개인화 추천·감정 분석

– 고객 충성도 강화

AI는 단순한 마케팅 지원 도구가 아니라, 소비자 행동 기반의 전략적 사고 체계를 가능하게 하는 '지능형 파트너'로 작동하고 있다.

각 기업은 AI를 통해 데이터를 읽고, 소비자를 이해하며, 가치 중심의 전략 설계(Value-driven Strategy)로 진화하고 있다.

제10장 케이스 스터디

• 전략적 통찰과 조직 내 활용

기업 사례: 월마트(Walmart) 전략적 의사결정

활용 AI: 소비자 구매 패턴 분석, 재고 및 가격 전략 조정

성과: 매출 최적화, 고객 만족도 증가, 비용 절감

토의 질문

1. 월마트 사례에서 AI 기반 전략적 통찰이 조직 성과에 미친 영향은?

2. 조직 내 AI 적용 시 윤리적 고려사항을 어떻게 관리할 수 있는가?

* 워크시트 활동

조직 내 AI 활용 전략 설계

KPI 기반 전략 성과 평가 및 개선안 도출

〈워크시트 활동〉

활동	내용	학습목표 연계
1.	조직 내 AI 활용 전략 설계	전략적 사고
2.	소비자 행동 분석 기반 의사결정 시나리오 작성	실무 적용
3.	KPI와 성과 측정 계획 수립	성과 분석 능력
4.	윤리적·사회적 고려사항 평가	윤리적 판단

제11장

AI 시대 소비자 행동 연구의 종합적 통찰과 전략적 제언

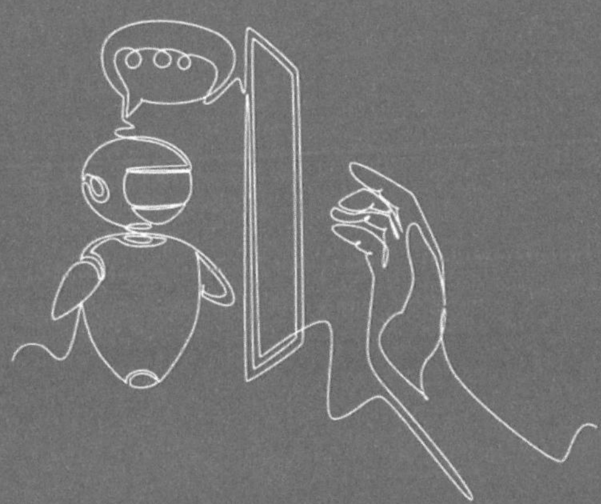

AI 시대의 소비자 행동론

학습목표

AI 시대 소비자 행동 연구의 핵심 내용을 종합적으로 이해한다.

마케팅 전략 설계에 필요한 종합적 통찰을 도출할 수 있다.

실무와 학술 연구의 연계 방안을 제안할 수 있다.

지속가능성과 윤리적 고려를 포함한 전략적 제언을 설계할 수 있다.

핵심용어

종합적 통찰(Comprehensive Insight), 전략적 제언(Strategic Recommendation), AI 기반 의사결정(AI-driven Decision Making), 소비자 행동 분석(Consumer Behavior Analytics), 데이터 기반 전략(Data-driven Strategy), 지속가능 마케팅(Sustainable Marketing), 옴니채널 경험(Omnichannel Experience), 윤리적 · 사회적 고려(Ethical & Social Consideration)

제11장

AI 시대 소비자 행동 연구의 종합적 통찰과 전략적 제언

AI 시대의 소비자 행동 연구는 단순히 '기술의 적용'이 아니라, 인간의 인지·감정·행동 메커니즘을 데이터로 재해석하는 시도이다.

디지털 전환으로 인해 소비자는 '행위자(Actor)'이자 동시에 '데이터 생산자'가 되었고, AI는 이러한 소비자의 미시적 패턴을 실시간으로 학습하며 새로운 소비문화를 형성하고 있다.

1. AI 시대 소비자 행동 연구의 핵심 요약

1) 데이터와 감정이 만나는 소비의 시대

AI 시대의 소비자 행동 연구는 더 이상 단순히 '무엇을 구매하는가'의 문제가 아니다. 오늘날 소비자는 디지털 플랫폼과 알고리즘 속에서 끊임없이 데이터를 생성하고, 그 데이터는 다시 소비자의 의사결정을 규정하는 순환 구조를 형성한다. 즉, 소비자는 '시장 참여자'이자 동시에 '데이터 생산자(data producer)'이며, AI는 이 데이터를 통해 소비자의 욕구와 감정, 그리고 미래 행동을 실시간으로 학습한다.

이러한 변화는 전통적인 소비자 행동론의 이론적 틀 –태도, 동기, 인지, 만족– 을 넘어 데이터 기반 행동 예측이라는 새로운 패러다임을 형성하고 있다.

2) 전통적 소비자 행동 연구의 한계와 전환

기존의 소비자 행동 연구는 심리학과 사회학을 중심으로, 소비자의 태도 형성, 구매 의사결정, 브랜드 충성도를 설명해왔다.

그러나 4차 산업혁명 이후 등장한 디지털 생태계에서는 소비자의 행동이 단순한 개인적 의사결정이 아니라 알고리즘·플랫폼·데이터 인프라와 상호작용하는 복합적 행위로 변화하였다.

[구분/ 전통적 연구 관점/ AI 시대 연구 관점]

* 연구 초점

– 인지적 판단, 감정적 반응

– 데이터 기반 행동패턴, 실시간 맥락

* 주요 변수

– 동기, 태도, 만족, 충성도

– 알고리즘 영향, 맥락적 경험, 개인화

* 연구 방법

– 설문·실험 중심

– 빅데이터, 머신러닝, 감정AI, 시맨틱 분석

* 소비자 정의

– 독립적 의사결정자

– 상호작용적 데이터 행위자

이처럼 AI는 소비자 행동의 분석 단위를 '개인'에서 '데이터 네트워크'로 확장시켰다. 따라서 AI 시대의 소비자 연구는 단순히 소비자의 심리적 요인을 파악하는 데 그치지 않고, 소비자-기술-사회 간 상호작용을 포괄적으로 탐구하는 통합적 접근이 필요하다.

3) AI가 만들어낸 소비자 행동의 변화

AI 기술의 확산은 소비자의 인식·감정·행동 양식 전반을 재구성하고 있다.

* 인지적 변화

소비자는 검색과 비교의 주체에서 → 추천과 자동화의 수용자로 이동하였다.

AI 추천 시스템은 소비자의 '선택 피로'를 줄이는 대신, 무의식적 조작(algorithmic nudging)의 가능성을 높인다.

* 감정적 변화

챗봇·가상인플루언서 등과의 상호작용은 '비인간적 관계'를 감정적으로 수용하게 만들며, 소비자 정체성의 일부를 디지털 경험 속에서 재구성한다.

4) 행동적 변화

구매 과정은 오프라인에서 온라인, 나아가 '데이터 기반 자동 소비(datafied consumption)'로 전환되었다.

예컨대 정기구독 서비스나 자동결제 알고리즘은 소비자 의사결정을 예측·대행하는 역할을 한다.

이러한 변화는 결국 소비자 행동 연구가 '결과 예측 모델'에서 '실시간 행동생태계 모델(real-time behavioral ecosystem)'로 진화해야 함을 의미한다.

5) 연구 패러다임의 통합적 전환

AI 시대의 소비자 행동 연구는 "인간 중심의 데이터 과학"을 기반으로 정량적 분석과 정성적 해석을 융합하는 새로운 패러다임을 요구한다.

[연구 패러다임 /주요 접근법/ 특징]

* 전통 패러다임
- 합리적 선택이론, 행동경제학
- 개인의 의사결정 과정 분석

* 디지털 패러다임
- 빅데이터 마이닝, 머신러닝
- 대규모 행동패턴 예측

* 통합 패러다임
- 인문사회 + AI 데이터 융합
- 의미적 해석과 예측의 결합

즉, AI 분석은 숫자 이상의 '의미 데이터(meaningful data)'를 해석해야 한다.

소비자의 감정, 문화적 맥락, 사회적 서사까지 고려하는 인문학적 해석 없이는 AI 기반 소비자 분석이 단순 효율성의 도구로 전락할 위험이 있다.

6) 인간 중심 AI 소비자 연구의 미래

AI 시대의 소비자 행동 연구는 기술 발전의 속도를 좇는 것이 아니라,

'인간 중심 소비 경험'을 유지하기 위한 새로운 윤리와 방법론을 구축해야 한다.

소비자 데이터의 활용은 투명하고 신뢰 가능한 절차를 전제로 해야 하며, AI 분석 결과는 인간의 직관적 판단과 결합될 때 비로소 전략적 통찰을 제공한다.

따라서 향후 연구의 방향은 다음과 같다.

- 데이터–감정–문화의 통합 연구 모델 구축
- AI 해석의 투명성과 설명가능성 강화
- 소비자 주권(consumers' data sovereignty) 보장
- 산업–학술 간 실증적 협력 네트워크 확립

요컨대, AI 시대의 소비자 행동 연구는 기계가 인간을 이해하는 과정이 아니라, "인간이 스스로를 데이터 속에서 재발견하는 인문학적 여정"이다.

2. 마케팅 4P 전략적 제언

1) AI 시대 마케팅 전략의 정의

AI 시대에 마케팅은 더 이상 단순한 판매 촉진 도구가 아니라, 실시간 소비자 데이터 기반의 진화적 전략 시스템으로 변화하고 있다.

소비자는 다양한 디지털 플랫폼과 상호작용하며, AI는 이러한 행동 데이터를 실시간 학습하고, 예측하며, 맞춤형 전략을 구현한다. 따라서 마케팅 4P 전략은 기존의 고정적·정적 방식에서 벗어나 개인화, 예측성, 실시간 최적화라는 새로운 원칙에 기반해야 한다.

2) Product 전략: 소비자 행동 기반 신제품 개발 및 개선

(1) 개인화 제품 추천과 맞춤형 경험

AI는 구매 이력, 검색 패턴, 행동 데이터를 분석하여 소비자 개별 취향에 맞춘 제품을 설계하고 추천할 수 있다.

사례: 넷플릭스의 개인화 콘텐츠 추천, 나이키의 Nike Fit 맞춤화 서비스

(2) 신제품 개발에서 소비자 피드백 실시간 반영

소셜 미디어, 리뷰, 사용자 행동 데이터를 실시간 분석해 제품 기능·디자인 개선에 활용.

이 접근은 전통적 설문조사보다 정확성과 속도에서 우위를 갖는다.

전략 제언:

신제품 개발 단계에서 AI 기반 소비자 인사이드를 초기 설계부터 통합

소비자 행동 변화에 민첩하게 대응할 수 있는 데이터 피드백 루프 구축

3) Price 전략: AI 예측 기반 동적 가격 정책

(1) 수요·시간·개인 특성 기반 동적 가격 책정

항공, 숙박, 전자상거래 등에서 AI가 실시간 수요와 소비자 행동 데이터를 분석하여 가격을 자동 조정.

(2) 개인화된 가치 기반 가격(Personalized Value Pricing)

AI는 고객의 구매력, 선호도, 행동 이력을 반영해 개별 가격 최적화 가능.

사례: 아마존의 맞춤 할인, 스타벅스 로열티 기반 가격 전략.

전략 제언으로 가격 전략은 고정 요금제에서 벗어나 실시간 수요·선호 기반 최적화

윤리적·사회적 공정성을 고려한 가격 정책 수립

4) Place 전략: 옴니채널 전략 최적화

(1) 디지털과 오프라인 채널 통합

AI는 소비자 행동 데이터를 분석하여 가장 효과적인 채널을 추천하고,

재고 및 물류를 최적화함.

사례: 쿠팡의 로켓배송, 스타벅스 매장 위치 기반 추천 서비스.

(2) 소비자 경험의 일관성 확보

AI 기반 플랫폼은 소비자가 어떤 채널을 통해 접속하든 개인화된 경험 제공 가능

전략 제언:

옴니채널 전략은 단순한 유통망 확장이 아니라, 데이터 기반 소비자 경험 통합

채널별 KPI를 설정하고, AI 분석 결과로 운영 효율 극대화

5) Promotion 전략: 실시간 개인화 캠페인 및 디지털 경험 강화

(1) 개인화 광고와 메시지 전달

- AI는 소비자의 검색·구매·소셜 데이터를 분석하여 최적의 시점, 채널, 콘텐츠로 프로모션을 전달
- 사례: 유튜브·인스타그램의 개인화 광고, 넷플릭스 추천 메시지

(2) 감정·맥락 기반 캠페인 최적화

- AI는 텍스트·영상·음성 데이터를 분석해 소비자의 감정 반응을 예측
- 이를 기반으로 광고 톤·내용을 실시간 조정

전략 제언으로 프로모션 전략은 "대량 노출"보다 정밀 타깃팅과 개인화 경험 중심

실시간 데이터 분석 기반 A/B 테스트를 통해 캠페인 효율 극대화

6) 종합 전략적 제언

[4P/ 전략적 핵심 제언/ 기대 효과]

* Product
- 개인화 제품 설계, 실시간 피드백 반영
- 구매 전환율 증가, 만족도 상승

* Price
- 동적·가치 기반 가격 최적화
- 수익 극대화, 충성도 유지

* Place
- 옴니채널 통합 운영 경험
- 일관성, 운영 효율 향상

* Promotion

- 실시간 개인화 캠페인, 감정 기반 메시지
- 브랜드 몰입도 상승, ROI 개선

AI 시대 4P 전략은 고정적·사후적 계획이 아니라, 실시간 데이터 기반 학습과 적응을 전제로 한다. 소비자 행동 연구에서 얻은 통찰을 4P에 반영함으로써, 기업은 맞춤화, 효율성, 경험 중심 전략을 동시에 달성할 수 있다. 또한 전략적 적용 과정에서 윤리적·사회적 책임을 고려해야 하며, AI 기반 개인화와 가격 정책, 채널 운영, 프로모션 모두 투명성·공정성을 확보할 필요가 있다.

3. 실무·학술 연구 연계

1) 학문과 실무의 상호작용 필요성

AI 시대의 소비자 행동 연구는 단순히 학문적 탐구에 머물러서는 안 된다.

실제 시장에서는 실시간 데이터 기반 의사결정이 필수이며, 학술 연구는 이러한 데이터를 해석하고 의미를 부여하는 역할을 담당한다.

따라서 AI 소비자 행동 연구는 학술적 모델과 실무적 실행의 융합을 전제로 실시간 분석, 예측, 전략 설계까지 연결되는 통합형 생태계를 구축해야 한다.

2) 학술 연구의 역할

(1) 이론적 기반 제공

소비자 행동, 심리학, 사회학, 경제학 등 기존 이론을 AI 분석 모델과 결합

예: 행동경제학 이론을 기반으로 AI 추천 알고리즘의 의사결정 로직 검증

(2) 정확성·신뢰성 평가

AI 기반 분석 결과가 학문적 타당성을 갖추도록 검증

학계는 데이터셋 구성, 변수 정의, 모델 평가 기준 제공

(3) 윤리적·사회적 기준 설정

데이터 활용 과정에서 개인정보 보호, 편향 최소화, 사회적 신뢰 확보

AI 연구 윤리 가이드라인과 정책적 제안 마련

3) 실무적 연구의 역할

(1) 실증 데이터 제공

기업은 소비자의 행동 데이터, 구매 패턴, 플랫폼상 상호작용 기록을 제공

실시간 빅데이터, 로그 데이터, CRM 시스템 활용

(2) 실제 전략 실행 및 검증

AI 기반 4P 전략, 개인화 마케팅, 동적 가격 정책 등을 실무에서 테스트

사례: 아마존, 넷플릭스, 나이키 등 글로벌 기업의 AI 활용 실증 사례

(3) 시장 환경 변화 반영

실무 데이터를 통해 새로운 트렌드, 소비자 니즈, 행동 패턴을 학문에 피드백

4) 학술-실무 연계 모델

[구분/ 학술 연구/ 실무 연구/ 연계 전략]

*** 데이터**

- 이론 기반 실험·조사
- 실시간 거래·행동 데이터
- 데이터 표준화·공유

*** 모델**

- 행동 예측, 심리 모델
- AI 알고리즘, 추천 시스템
- 알고리즘-이론 통합 모델

* 평가

– 통계·이론적 검증

– ROI, KPI 등 실무 성과

– 정량·정성 통합 평가

* 윤리

–연구윤리, 편향 검증

– 법규 준수, 소비자 보호

– 공동 AI 윤리 가이드라인

핵심 포인트로 학계는 이론과 분석 기준을 제공하며 실무는 데이터와 검증 기회를 제공한다.

5) 협력 사례

* 구글 AI팀 × 스탠퍼드 행동경제학 연구소

– 목적: 온라인 광고 클릭 패턴과 인간의 심리 반응 분석

– 학술 측면: 행동경제학 모델 적용, 소비자 의사결정 패턴 검증

– 실무 측면: AI 추천 시스템 개선, 광고 캠페인 ROI 향상

– 학문적 논문 발표+산업 보고서 동시 생산, 실무와 연구의 선순환 구조 실현

* 나이키 데이터 과학 연구 프로젝트

– 고객 피드백과 매장/온라인 행동 데이터 분석

– 신제품 맞춤화 전략 개발, 옴니채널 경험 통합

– 학술적 접근: 소비자 경험 모델 검증

– 실무 적용: 매출 증가 및 충성도 강화

6) 전략적 제언

(1) 학문-실무 연계의 선순환 구조 구축

실무 데이터를 학술적 모델로 해석하고, 학문적 통찰을 실무에 적용

(2) 데이터-윤리-실행 통합 관점

실무 성과뿐 아니라, 데이터 활용의 윤리성과 사회적 신뢰 확보

(3) 통합 평가 체계 설계

정량적 실무 성과와 정성적 학문적 타당성을 동시에 평가하는 지표 개발

(4) 지속적 협력 네트워크

학계·산업계·정부기관 간 공동 연구 및 데이터 공유 플랫폼 구축

"AI 시대 소비자 행동 연구는 학술과 실무가 상호 피드백하며, 데이터를 전략적 통찰로 전환하는 통합형 연구 생태계를 요구한다."

4. 윤리적·사회적 고려

1) AI 시대 윤리적 책임의 중요성

AI 시대의 소비자 행동 연구와 마케팅 전략은 기술적 효율성만으로 평가될 수 없다. 소비자 데이터의 활용과 개인화 전략, AI 기반 의사결정 시스템은 프라이버시, 편향, 사회적 신뢰와 직결되며, 이를 무시한 전략은 장기적 지속가능성을 확보할 수 없다. 따라서 AI 마케팅과 소비자 행동 분석에서는 인간 중심 윤리(Human-Centered Ethics)가 필수적이며, 기업과 연구자는 기술적 성과와 사회적 책임을 동시에 고려해야 한다.

2) 주요 윤리적 고려 사항

(1) 데이터 주권(Data Sovereignty)

소비자의 동의 없는 데이터 수집 및 활용은 법적·사회적 문제를 야기

대응 전략: 옵트인(opt-in) 기반 데이터 수집, 명확한 데이터 활용 고지

(2) 알고리즘 편향(Algorithmic Bias)

AI 학습 과정에서 특정 집단에 불리한 결과 발생 가능

대응 전략: 공정성(fairness) 검증, 다양성 데이터셋 활용, 정기적 감사

(3)정보 불평등(Digital Divide)

기술 접근성 차이로 소비자 경험과 혜택이 불균형

대응 전략: 디지털 리터러시 교육, 접근성 보장 정책

(4) 조작적 설득(Persuasive Manipulation)

소비자의 감정·심리를 과도하게 조작하는 맞춤형 마케팅

대응 전략: 윤리위원회 사전 검토, 투명한 AI 추천 프로세스

3) 사회적 고려 사항

(1)신뢰와 투명성 확보

소비자가 AI 추천, 개인화 서비스, 가격 정책을 이해하고 신뢰하도록 설계

사례: EU AI 법안(AI Act, 2024) — 고위험 AI에 대한 설명 가능성·투명성 의무

(2) 사회적 책임(Corporate Social Responsibility, CSR)

기업은 단순한 수익 창출을 넘어 사회적 영향 고려

사례: 개인정보 보호, 편향 최소화, 사회적 소외계층 배려

(3) AI 윤리 거버넌스

기업 내 AI 윤리위원회 구성, 내부 규정 및 평가 체계 마련

AI 시스템 설계·운영 과정에서 지속적 모니터링

4) 실무적 적용 사례

[기업, 기관/ 적용 내용/ 성과 및 교훈]

* EU(AI Act, 2024)
- AI 위험도 분류, 설명 가능성 의무
- 글로벌 AI 윤리 기준 제시, 투명성 확보

* 나이키
- 고객 데이터 활용 시 개인화 권한 선택
- 고객 신뢰 강화, 맞춤형 경험 제공

* 구글
- AI 추천 알고리즘의 편향 검증
- 광고·추천 시스템 개선, 사회적 신뢰 확보

윤리적 고려는 단순 규제 준수가 아니라 기업 신뢰와 브랜드 가치와 직결되며, AI 전략은 사회적 신뢰 구축 → 소비자 참여 → 지속적 성과의 선순환 구조 필요

5) 전략적·윤리적 통합 제언

(1) AI 윤리 통합 설계
- 전략적 AI 활용 시 데이터, 알고리즘, 개인화 캠페인을 동시에 검토
- 사회적·윤리적 책임을 설계 초기 단계부터 반영

(2) 투명성과 설명가능성 강화
- 소비자가 데이터 수집과 AI 추천 과정을 이해하도록 정보 제공
- 투명한 프로세스는 신뢰와 장기적 고객 충성도로 연결

(3) 사회적 가치 중심 평가

- 마케팅 성과와 함께 사회적 영향, 윤리 준수 여부를 KPI로 설정
- 기업·학계·정부 간 협력으로 표준화된 AI 윤리 기준 마련

(4) 지속적 모니터링과 개선

- AI 시스템의 편향, 개인정보 보호, 사회적 영향 등을 주기적으로 점검
- 피드백 기반으로 시스템을 개선하여 책임 있는 AI 운영

"AI 시대 소비자 행동 전략은 기술적 효율성뿐 아니라, 인간 중심 윤리와 사회적 책임을 동시에 달성할 때 비로소 지속가능성을 확보한다."

제11장 케이스 스터디

• 종합적 통찰과 전략적 제언

기업 사례: 스타벅스(Starbucks) AI 기반 소비자 전략

활용 AI: 구매 패턴 분석, 개인화 추천, 맞춤형 프로모션

성과: 고객 충성도 증가, 매출 성장, 지속가능 브랜드 이미지 강화

토의 질문

1. AI 기반 전략이 스타벅스 소비자 행동 변화에 미친 영향은 무엇인가?

2. 전략 설계 시 윤리적·사회적 요소를 어떻게 반영할 수 있는가?

* 워크시트 활동

AI 기반 소비자 행동 분석 통합 모델 작성

종합적 전략 제안 설계 및 사례 개선안 토론

〈워크시트 활동〉

활동	내용	학습목표 연계
1.	AI 기반 소비자 행동 분석 통합 모델 작성	분석 능력
2.	종합적 전략 제안 설계	전략적 사고
3.	사례 기반 개선안 도출 및 토론	실무 적용
4.	윤리적·사회적 고려사항 평가	윤리적 판단

제12장

AI 시대 글로벌 소비자 행동과 국제 마케팅 전략

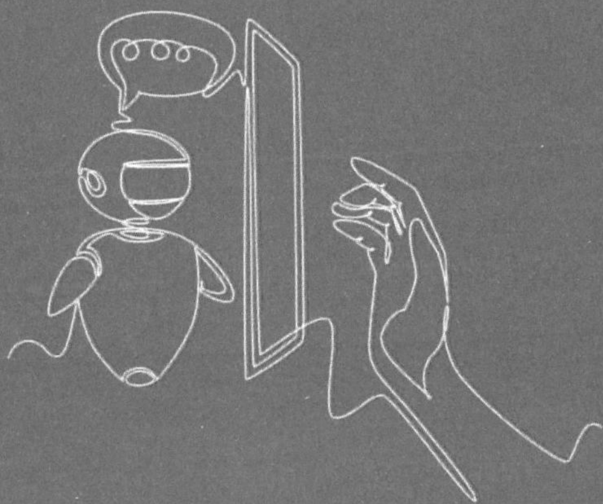

AI 시대의 소비자 행동론

학습목표

글로벌 시장에서 AI 기반 소비자 행동 연구의 특징을 이해한다.

문화적 · 지역적 차이를 고려한 소비자 행동 분석 방법을 설명할 수 있다.

AI를 활용한 국제 마케팅 전략을 설계할 수 있다.

글로벌 시장에서 윤리적 · 법적 고려사항을 평가할 수 있다.

핵심용어

소글로벌 소비자 행동(Global Consumer Behavior), 국제 마케팅(International Marketing), 문화적 차이(Cultural Differences), AI 기반 시장 분석(Market Analytics), 개인화 전략(Personalization Strategy), 글로벌 캠페인(Global Campaign), 데이터 규제(Data Regulation), 윤리적 AI(Ethical AI)

제12장

AI 시대 글로벌 소비자 행동과 국제 마케팅 전략

1) 글로벌 소비자 행동의 변화

(1) 디지털 전환과 소비자 경험의 세계화

(2) 문화 간 소비자 행동 차이의 약화와 강화

(3) 글로벌 소비자 여정(Customer Journey)의 재구성

(4) 국경 없는 소비자 데이터 흐름과 의사결정

2) AI가 이끄는 글로벌 소비자 행동 분석

(1) 인공지능 기반 글로벌 시장 세분화

(2) 다문화적 감정 분석(Affective AI)과 소비자 이해

(3) 예측 마케팅(Predictive Marketing)과 개인화 전략

(4) 사례: 글로벌 플랫폼 기업(Netflix, Amazon, TikTok)의 AI 마케팅

3) 문화적 요인과 AI 소비자 분석의 한계

(1) 문화적 맥락(Contextual Intelligence)의 중요성

(2) 알고리즘 편향과 문화적 오독의 문제

(3) 현지화(Localization) vs. 표준화(Standardization) 전략의 균형
(4) 사례: AI 번역, 추천 시스템의 문화적 왜곡

4) 국제 마케팅 전략의 재편

(1) 글로벌 4P(제품, 가격, 유통, 촉진)의 AI 기반 혁신
(2) 글로벌 브랜드와 AI 스토리텔링 전략
(3) 실시간 시장 예측과 국제 마케팅 의사결정
(4) 디지털 플랫폼을 통한 글로벌 소비자 참여(Engagement)

5) 지역별 AI 소비자 행동 특성

[지역/ 주요 특징/ AI 활용 마케팅 전략]

* 북미

– 데이터 기반 소비문화, 개인화 수용 높음
– 추천·예측 알고리즘 중심 전략

* 유럽

– 윤리·프라이버시 강조
– 투명성·책임 중심 마케팅

* 아시아

– 기술 수용 빠름, 사회적 소비문화 강함
– SNS·인플루언서·AI 챗봇 중심

* 남미

– 감성적 소비, 공동체적 가치 중시
– 감정 AI 및 문화적 맞춤형 콘텐츠

* 중동·아프리카

– 디지털 인프라 격차 존재
– 모바일 기반 AI 솔루션 중심

6) 글로벌 AI 마케팅 사례 분석

(1) 코카콜라의 AI 기반 글로벌 캠페인

(2) 나이키의 지역별 맞춤형 AI 광고 전략

(3) 삼성전자·애플의 글로벌 소비자 데이터 활용 비교

(4) Chat GPT·Claude 기반 글로벌 콘텐츠 마케팅의 부상

7) 국제 마케팅에서의 윤리적·법적 고려

(1) 데이터 주권(Data Sovereignty)과 국제 규제

(2) AI 알고리즘의 투명성과 공정성 확보

(3) 국가별 개인정보 보호법(GDPR, CCPA 등) 대응

(4) 글로벌 기업의 윤리적 AI 가이드라인 수립

8) 학문적·실무적 시사점

(1) AI 시대 글로벌 소비자 행동 연구의 통합 모델

(2) 문화심리학, 행동경제학, 마케팅학의 융합 필요

(3) 학문적 연구와 실무 적용의 연계 방안

9) 미래 전망

(1) AI 글로벌 소비자 생태계의 진화

(2) 초개인화(Hyper-Personalization)와 소비자 주권 강화

(3) 지속가능한 글로벌 소비와 AI 윤리의 조화

1. 글로벌 소비자 행동의 특징(AI 시대를 중심으로)

1) 디지털 전환과 소비 경험의 세계화

AI와 디지털 기술의 확산은 국가 간 정보의 경계를 허물어, 소비자들이 동시에 같은 제품·서비스를 경험하도록 만들었다.

소셜미디어, 스트리밍 플랫폼, 글로벌 전자상거래의 발전으로 소비자들은 지역적 한계를 넘어 '글로벌 소비문화(Global Consumer Culture)'를 형성하

고 있다.

사례로, 한국의 소비자가 미국과 동일한 시점에 새로운 아이폰 출시를 접하고, 동일한 SNS 콘텐츠를 소비하는 것이 일상이 되었다.

→ 핵심 키워드: 디지털 동시성, 문화의 세계화, 경계 없는 소비

2) 데이터 기반 소비자 행동의 표준화

AI와 빅데이터는 글로벌 소비자의 구매 패턴을 수집·분석하여 예측 가능한 행동 모델을 만든다. 이에 따라 글로벌 기업들은 국가별 차이를 넘어서 '데이터 표준화된 소비자 행동'을 기반으로 전략을 세운다.

사례로, 넷플릭스는 국가에 관계없이 이용자의 시청 이력을 분석해 유사 취향 집단을 전 세계 단위로 세분화한다.

→ 핵심 키워드: 빅데이터, 예측 모델링, 글로벌 세분화

3) 개인화(Personalization)와 초개인화(Hyper-Personalization)의 확산

AI 알고리즘은 소비자의 위치, 언어, 취향, 감정 상태를 분석하여 초개인화된 추천과 광고를 제공한다. 이러한 맞춤형 경험은 전 세계 소비자에게 공통적으로 나타나는 'AI 기반 개인화 소비 행동'을 형성한다.

사례로, 아마존·알리바바의 개인 맞춤형 상품 추천, 유튜브의 개인화된 피드 구성.

→ 핵심 키워드: 개인화, 맞춤형 경험, 알고리즘 소비

4) 문화 간 소비자 행동의 이중성

AI 시대의 소비자는 동시에 세계시민적(Global)이면서도 문화적(Local)이다.

전 세계적으로 유행하는 트렌드(예: K-pop, 글로벌 브랜드)는 쉽게 공유되지만, 그 해석과 수용 방식은 여전히 지역의 문화적 코드와 가치에 의해 달라진다. 이는 '글로벌 현지화(Glocallization)' 현상으로, AI 분석만으로는 완전히 예측하기 어려운 부분이다.

→ 핵심 키워드: Glocalization, 문화적 다양성, 맥락 의존적 소비

5) 윤리적·지속가능 소비에 대한 글로벌 공감대 형성

AI 기반의 정부 확산은 환경·사회·윤리적 문제에 대한 인식을 세계적으로 빠르게 공유하게 했다.

소비자들은 이제 가격이나 품질뿐 아니라 지속가능성, ESG, 브랜드 윤리를 구매 기준으로 삼는다.

사례로, 파타고니아(Patagonia), 더바디샵(The Body Shop) 등은 AI 마케팅을 통해 윤리적 메시지를 세계적으로 확산시켰다.

→ 핵심 키워드: ESG 소비, 윤리적 마케팅, 글로벌 가치 소비

6) 실시간·참여형 소비자 행동

AI 기반 플랫폼은 소비자가 단순 구매자에서 참여자(co-creator)로 변화하도록 만들었다.

소비자는 제품 아이디어 제안, 실시간 리뷰, AI 챗봇 피드백을 통해 브랜드 경험을 함께 만든다. 이는 글로벌 소비자의 참여형 행동(Participatory Behavior)이라는 새로운 특징을 낳았다.

→ 핵심 키워드: 실시간성, 참여, 공동 창출(co-creation)

7) 사회적 영향력과 네트워크 소비

글로벌 소비자는 개인적 판단보다 AI 알고리즘과 사회적 네트워크의 추천에 크게 영향을 받는다.

AI 추천 시스템은 소비자 행동을 구조화하며, '추천 알고리즘이 곧 사회적 규범'이 되는 현상이 나타난다.

특히 인플루언서·리뷰·SNS 트렌드는 국가를 초월한 소비 결정 요인으로 작용한다.

→ 핵심 키워드: 네트워크 소비, 사회적 증거, 알고리즘 영향력

8) 데이터 윤리와 소비자 신뢰의 중요성

AI 기반 글로벌 마케팅에서 데이터 수집·활용이 늘어나면서, 소비자는 자신의 정보가 어떻게 사용되는지를 인식하고 있다.

데이터 프라이버시와 투명성이 확보되지 않으면, 소비자는 브랜드에 대한 신뢰를 상실한다. 따라서 글로벌 기업은 데이터 윤리(Data Ethics)를 소비자 행동의 핵심 변수로 다뤄야 한다.

→ 핵심 키워드: 신뢰, 데이터 투명성, 윤리적 소비

AI 시대의 글로벌 소비자 행동은 디지털 통합성과 문화적 다양성이 공존하는 복합적 양상을 보인다.

기업은 데이터를 통한 효율적 예측뿐 아니라, 인간의 감정·가치·문화적 맥락을 존중하는 '인문학적 글로벌 마케팅 전략'을 병행해야 한다.

AI 시대 글로벌 소비자 행동 연구는 다양한 문화와 지역 환경을 반영한 행동 분석을 요구한다.

- 문화적 요인: 가치관, 소비 패턴, 브랜드 선호도
- 지역적 요인: 경제 수준, 기술 수용도, 규제 환경
- 디지털 행동: SNS, 앱, e커머스 플랫폼 이용 패턴

이러한 요인을 반영한 분석은 국제 마케팅 전략 설계의 핵심 기반이 된다.

2. 글로벌 데이터 수집과 분석

1) 글로벌 데이터 생태계의 확대

AI 기술의 발전으로 전 세계 소비자 데이터는 초국가적 규모로 수집·교환·활용되고 있다.

온라인 거래, SNS 활동, 웨어러블 기기, 스마트홈, 위치 정보 등에서 발생하는 데이터는 기업이 소비자 행동을 예측하고 맞춤형 서비스를 설계하는 데 활용된다.

특히 글로벌 플랫폼 기업(Google, Meta, Amazon, Alibaba 등)은 국가의 경계를 넘어 데이터 주도형 글로벌 마케팅(Data-Driven Global Marketing) 구조를 형성하고 있다.

→ 핵심 키워드: 초국가적 데이터 흐름, 플랫폼 경제, 데이터 주도형 마케팅

2) 데이터 수집의 주요 원천

글로벌 소비자 데이터는 아래와 같은 다층적 구조로 수집된다.

[구분/ 데이터 원천/ 주요 내용]

* 거래 데이터

- 전자상거래, 결제 이력
- 구매 패턴, 재구매 주기, 평균 지출

* 행동 데이터

- 웹 로그, 클릭, 체류시간
- 관심 상품, 탐색 경로, 콘텐츠 선호도

* 감정·심리 데이터

- SNS 게시글, 이모티콘, 후기 텍스트
- 감정 분석(Affective AI), 브랜드 태도

* 위치·상황 데이터

- GPS, IoT 기기, 지역 이벤트
- 위치 기반 추천, 시간대별 소비

* 음성·영상 데이터

- 유튜브, 인스타 릴스, 챗봇 대화

– 이미지 인식, 언어 감정 분석

→ AI는 이러한 데이터의 다층적 결합(Multi-modal Data)을 통해 보다 정교한 소비자 인사이트(Consumer Insight)를 도출한다.

3) AI 기반 글로벌 데이터 분석 기술

AI는 단순 통계 분석을 넘어, 패턴 탐색 → 예측 → 자동 의사결정의 전 과정을 수행한다.

대표적 분석 기술은 다음과 같다.

[분석 기법/ 설명/ 글로벌 마케팅 활용 사례]

* 기계학습(Machine Learning)

– 데이터로부터 행동 패턴 학습

– 구매 예측, 고객 세분화

* 딥러닝(Deep Learning)

– 이미지·음성·텍스트 등 비정형 데이터 분석

– 감정 분석, 시각 콘텐츠 분석

* 예측분석(Predictive Analytics)

– 미래 수요·이탈 가능성 예측

– 재구매율, 캠페인 성과 예측

* 추천 알고리즘(Recommendation System)

– 개인 취향 기반 맞춤형 콘텐츠 제공

– 제품 추천, 광고 타게팅

* 자연어처리(NLP)

– 글로벌 다국어 텍스트 분석

– SNS 여론 분석, 다문화 감정 비교

→ AI 분석 = 글로벌 소비자 이해의 핵심 엔진.

4) 데이터 주권(Data Sovereignty)과 윤리적 문제

글로벌 데이터 수집이 확대될수록 국가별 규제와 윤리 문제가 대두된다.

유럽연합의 GDPR(General Data Protection Regulation), 미국의 CCPA(California Consumer Privacy Act), 중국의 데이터보안법(DSL) 등은 각기 다른 데이터 주권 체계를 구축하고 있으며, 글로벌 기업은 이를 국가별로 준수하는 '규제 적응형 마케팅'을 수행해야 한다.

사례로, 메타(Meta)는 유럽 내 광고 타게팅 제한 조치로 인해 맞춤형 캠페인을 축소. 애플은 개인정보 보호를 강화한 iOS 정책으로 광고 수익 모델을 재조정함.

→ 핵심 키워드: 데이터 주권, 규제 다양성, 프라이버시

5) 문화적 편향(Cultural Bias)과 알고리즘 윤리

AI가 학습하는 데이터는 특정 지역·언어·문화 중심으로 구성될 수 있다.

이로 인해 글로벌 소비자 분석 결과가 문화적 편향을 내포하는 경우가 발생한다.

예컨대, 서구 중심의 감정 분석 알고리즘은 아시아권의 간접적 표현 방식이나 정서적 맥락을 제대로 해석하지 못한다.

해결 방향으로는 다언어·다문화 학습데이터 확보, 지역 전문가와 협업한 알고리즘 검증, '설명 가능한 AI(Explainable AI)' 시스템 도입이다.

→ 핵심 키워드: 문화 편향, AI 윤리, 설명가능성

6) 글로벌 데이터 통합 플랫폼의 부상

AI 시대의 기업은 지역별 데이터 사일로(silo)를 해소하고, '글로벌 소비자 데이터 허브(Global Data Hub)'를 구축한다. 이 허브는 전 세계 시장 데이터를 실시간 통합·분석하여 신제품 기획, 캠페인 전략, 유통정책을 동시 조정하게 한다.

[사례]

- 유니레버(Unilever): 전 세계 소비자 피드백 데이터를 AI로 통합 분석
  → 지역별 브랜드 전략 조정
- 삼성전자: 글로벌 소셜 리스닝 플랫폼 운영
  → 각국 트렌드 반영한 제품 디자인 개선

7) 인문학적 관점에서 본 데이터 분석

데이터는 소비자의 행동을 '숫자'로 보여주지만, 그 뒤에는 여전히 인간의 의미·가치·문화적 맥락이 존재한다.

AI가 아무리 정교하더라도, 인간의 욕망·감정·상징을 완전히 이해할 수는 없다.

따라서 글로벌 데이터 분석은 '기술적 분석' + '문화적 해석'이 결합되어야 한다.

인문학적 통찰은 데이터의 '양적 정보'를 '질적 이해'로 전환시킨다. 이는 글로벌 마케팅에서 '숫자 너머의 인간'을 보는 힘이다. 글로벌 데이터 수집과 분석은 AI 시대의 핵심 경쟁력이다. 그러나 데이터는 단순한 정보가 아니라, 문화와 가치가 응축된 인간적 산물이다. 따라서 국제 마케팅은 기술적 효율성과 윤리적·문화적 균형을 함께 고려해야 한다.

데이터 원천으로 지역별 e커머스 기록, SNS 데이터, 모바일 앱 사용, 리뷰 및 평가

AI 분석 기법으로 클러스터링, 회귀 분석, 추천 시스템, 예측하고 모델링한다.

세분화로는 국가별, 지역별, 문화별 소비자 그룹을 세분화한다.

개인화 전략으로는 글로벌 고객 맞춤형 프로모션, 추천, 가격 등의 전략을 세우며,

AI는 실시간 글로벌 행동 분석과 전략적 의사결정을 지원한다.

3. 국제 마케팅 전략 설계(AI와 문화적 맥락의 균형)

1) 개요: 데이터 기반 글로벌 마케팅의 패러다임 전환

AI 기술은 국가 간 시장 경계를 허물며, 기업이 실시간으로 세계 소비자 데이터를 수집·분석할 수 있도록 한다. 그러나 데이터 분석만으로는 각 지역의 문화·가치·소비 맥락을 완전히 반영하기 어렵다. 따라서 "데이터 기반 과학적 분석 + 문화적 감수성(Cultural Sensitivity)"의 결합이 AI 시대 국제 마케팅 전략 설계의 핵심이다.

→ 핵심 원리: 기술적 효율성 + 문화적 공감의 조화

(1) 제품 전략(Product)

지역별 문화와 환경에 맞춘 제품 개발

AI는 글로벌 소비자 데이터를 기반으로, 지역별 니즈와 취향을 세분화하여 현지 맞춤형 제품(Local Adaptation) 개발을 가능하게 한다.

예를 들어, 나이키(Nike)는 AI 분석을 통해 지역별 운동습관과 패션 트렌드를 파악해 국가별로 다른 컬러·디자인 라인을 출시한다. 또한 친환경·지속가능성에 대한 세계적 관심 확산에 따라 제품 설계 단계에서 ESG 가치를 반영하는 추세가 강화되고 있다.

[구분/ 전략 방향/ AI 활용 예시]

*** 기능적 적응**

- 기후, 인프라, 법규에 맞는 제품 조정
- 사례: 인도 시장용 저전력 스마트폰

*** 문화적 적응**

- 색상·상징·디자인 현지화
- 사례: 중국용 레드 컬러 중심 패키징

* 지속가능성

– 친환경 소재·순환경제
– 사례: 나이키 리사이클 제품 라인

* 데이터 활용

– 제품 개선·고객 피드백 분석
– 사례: AI 분석 기반 맞춤형 신제품

→ 핵심 키워드: 현지화, 지속가능성, 피드백 루프

(2) 가격 전략(Pricing)

구매력, 경쟁 환경, 환율, 심리적 요인 반영

AI 기반 수요예측 모델은 각국의 소비자 구매력, 환율 변동, 경쟁사 가격 정책을 분석해 동적 가격(Dynamic Pricing) 전략을 수립할 수 있게 한다. 또한 소비자 행동 데이터를 통해 가격 민감도(Price Sensitivity)를 실시간 파악함으로써, 가격 인하 없이도 최적의 수익 구조를 설계할 수 있다.

[사례]

– 아마존

AI로 국가별 구매력 데이터를 분석해, 같은 제품이라도 지역별로 다른 가격을 설정.

– 에어비앤비

성수기·비성수기 데이터를 예측해 자동 가격 조정 알고리즘을 적용.

→ 핵심 키워드: 동적 가격, AI 예측, 구매력 기반 세분화

(3) 유통 전략(Place)

글로벌 옴니채널(Omni-channel) 구축과 로컬 물류 최적화 글로벌 유통 전략의 핵심은 디지털 채널과 물리적 채널의 통합이다.

AI는 지역별 물류 흐름, 재고, 배송 시간을 분석해 공급망을 최적화하며, 소비자 위치 기반 데이터를 활용해 라스트 마일(Last-mile) 배송 효율을 높인다. 또한 글로벌 기업들은 각국의 온라인 플랫폼, 전자상거래 생태계에 맞춰 “글로

벌 플랫폼 + 로컬 파트너십" 구조를 채택하고 있다.

[전략 유형/ 내용/ AI 활용 사례]

* 글로벌 통합 유통

- 중앙 집중형 공급망 관리
- DHL, FedEx의 AI 물류 예측

* 로컬화 전략

- 현지 물류 파트너 협업
- 쿠팡, Shopee의 지역별 배송 네트워크

* 옴니채널 전략

- 오프라인+온라인 경험 연결
- 스타벅스 리워드 앱과 매장 연계

→ 핵심 키워드: 옴니채널, 공급망 최적화, 현지 파트너십

(4) 촉진 전략(Promotion)

문화적 특성에 맞는 메시지+AI 기반 개인화 캠페인

AI는 국가별 소비자 정서, 언어, 문화 코드를 분석해 '문화적으로 맞춤형 메시지'를 자동 생성할 수 있다.

SNS, 유튜브, 틱톡 등 플랫폼별 데이터 분석을 통해 소비자의 감정과 관심사에 맞는 AI 개인화 광고 캠페인이 가능하다.

[사례]

- 코카콜라의 "Share a Coke" 캠페인은 각국 이름을 현지 언어로 변환하여 문화적 친밀감 강화.
- 넷플릭스는 시청 이력과 지역별 트렌드를 반영해, 국가별 포스터·타이틀을 차별화함.

[전략 요소/ AI 활용 방식/ 기대 효과]

* 메시지 현지화
- 문화적 코드·언어 분석
- 공감력 있는 브랜드 이미지

* 감정 분석
- SNS 감정 데이터 활용
- 긍정적 감정 유발 콘텐츠 제작

* 개인화 광고
- 행동·선호 기반 맞춤형 추천
- 광고 효율 극대화

→ 핵심 키워드: 문화 맞춤, 감정 AI, 개인화 캠페인

6) 통합 전략 방향

AI 시대의 글로벌 마케팅 전략은 다음의 두 축을 통합해야 한다.

[축/ 내용/ 목표]

* 데이터 기반 접근
- AI·빅데이터를 활용한 소비자 인사이트 도출
- 효율성, 정확성

* 문화적 접근
- 지역의 가치·언어·사회적 맥락 반영
- 공감, 지속가능성

"AI의 데이터 분석력"과 "문화적 감수성"은 상호보완적이다.

글로벌 마케팅 전략은 기술 중심이 아닌, 인간 중심의 균형 설계가 되어야 한다.

국제 마케팅 전략 설계는 단순한 4P 조정이 아니라, AI 인사이트를 활용한 문화적 맞춤형 글로벌 전략 구축 과정이다. 제품·가격·유통·촉진의 각 단계에서 기술과 문화의 조화를 이루는 기업이 진정한 글로벌 경쟁력을 갖추게 된다.

4. 소비자 행동 변화와 국제적 전략

1) 디지털 전환과 소비자 중심성의 강화

AI, 빅데이터, IoT의 발전은 소비자가 단순한 '수요자'가 아니라 데이터 생산자이자 시장의 주체로 자리 잡게 했다.

소비자는 자신의 행동 데이터가 기업의 제품 개발과 서비스 개선에 반영되는 것을 인식하고, 참여형 소비자(Prosumer)로 진화했다.

→ 전략적 시사점: 기업은 AI 분석을 통해 소비자 데이터를 단순히 '관찰'이 아닌 '공동 창출(Co-creation)'의 자원으로 활용해야 한다.

2) 가치지향적 소비의 확산

AI 기반 정보 확산은 소비자들로 하여금 윤리적·사회적 가치를 고려한 구매를 하도록 변화시켰다.

환경 보호, 인권, 다양성, 지속가능성을 중시하는 글로벌 소비 트렌드는 가치 소비(Value Consumption)를 중심으로 확산중이다.

→ 전략적 시사점: 국제 마케팅 전략은 가격·품질보다 브랜드의 가치 서사(Brand Narrative)를 중심으로 재편되어야 한다.

3) 초개인화된 소비 경험의 보편화

AI는 지역, 언어, 문화의 차이를 초월한 초개인화(Hyper-personalization)를 가능하게 한다.

소비자는 자신의 취향, 기분, 행동 패턴에 따라 맞춤형 콘텐츠와 상품을 기대하며, '개인화된 경험'이 곧 브랜드 충성도의 핵심 요인이 된다.

→ 전략적 시사점: 글로벌 브랜드는 '표준화된 메시지'보다 지역별 개인화(Local Personalization) 전략을 채택해야 한다.

4) 옴니채널 소비와 글로벌-로컬 융합

온라인과 오프라인의 경계가 사라지며, 소비자는 채널 간 이동을 자유롭게 한다. AI는 이를 실시간으로 추적·분석하여 옴니채널(Omnichannel) 경험을 설계할 수 있게 한다.

예를 들어, 유럽에서 오프라인에서 본 제품을 아시아 온라인몰에서 구매하는 사례가 보편화되었다.

→ 전략적 시사점: 국제 유통 전략은 '글로벌 물류 네트워크'와 '지역 소비자 맞춤형 유통 시스템'을 통합해야 한다.

5) 사회적 네트워크와 신뢰 기반 소비

AI 알고리즘이 강화한 SNS 환경에서, 소비자는 브랜드보다 타인의 경험·리뷰·추천을 더 신뢰한다. 이는 국가·언어를 초월한 글로벌 신뢰 네트워크(Trust Network)를 형성하며, 브랜드 인지도보다 평판(Reputation)이 구매 결정의 핵심이 된다.

→ 전략적 시사점: 글로벌 마케팅은 '브랜드 스토리텔링'보다 '소비자 커뮤니티 구축'에 초점을 맞춰야 한다.

6) 데이터 주권과 소비자 프라이버시 인식의 강화

AI 시대의 소비자는 자신의 데이터가 글로벌 플랫폼에서 어떻게 사용되는지에 대한 인식이 높아졌다. 특히 유럽(EU)의 GDPR, 미국의 CCPA, 한국의 개인정보보호법 등 데이터 주권(Data Sovereignty) 개념이 강화되고 있다.

→ 전략적 시사점: 국제 마케팅 전략은 데이터 활용의 투명성·윤리성·신뢰성을 확보해야 하며, 이는 장기적 브랜드 자산과 직결된다.

7) 문화적 다양성과 현지화의 재해석

AI는 글로벌 표준화를 가능하게 하지만, 소비자의 정체성과 문화적 가치까지 완전히 대체하지는 못한다. 따라서 글로벌 기업은 데이터 분석을 기반으로 하되, 문화적 감수성(Cultural Sensitivity)을 내재화한 현지화(Localization)를 실행해야 한다.

→ 전략적 시사점: AI 기반 데이터 인사이트＋문화적 해석력(인문학적 접근)의 결합이 핵심 경쟁력이 된다.

AI 시대 소비자 행동 변화와 전략 대응

[소비자 행동 변화/ 주요 특징/ 국제 마케팅 전략 대응]

*** 디지털 참여 확대**

– 데이터 생성·공동 창출

– 소비자 참여형 전략(Co–creation)

*** 가치소비 확산**

– 윤리·지속가능성 중시

– ESG 중심 글로벌 브랜딩

*** 초개인화**

– 개인 맞춤형 경험 기대

– 로컬 개인화 마케팅

*** 옴니채널**

– 온라인·오프라인 통합

– 글로벌–로컬 유통 통합

*** 신뢰 기반 소비**

– 리뷰·SNS 영향력 강화

– 커뮤니티 중심 마케팅

* 데이터 주권
– 개인정보 보호 강화
– 투명한 데이터 활용

* 문화적 다양성
– 현지 문화 존중
– 문화 감수성 기반 현지화

AI 시대의 글로벌 소비자 행동 변화는 '데이터 중심 예측성'과 '문화적 다양성의 회복'이라는 두 축 위에서 이루어진다. 따라서 국제 마케팅 전략은 "데이터 기반 표준화"와 "문화 기반 차별화"의 균형적 설계가 필수적이다.

5. 윤리적·법적 고려사항

AI 기반 글로벌 마케팅의 확산 속에서 요구되는 윤리와 법적 규율의 방향

1) AI 활용과 소비자 권리의 균형

AI 알고리즘이 소비자 행동을 예측하고 개인화 서비스를 제공하는 과정에서, 소비자는 자신의 데이터가 어떻게 수집·처리·활용되는지 알 권리(Right to Know)를 가진다. 그러나 기업은 효율적 마케팅을 위해 소비자 데이터를 대규모로 분석하기 때문에, 기술 효율성과 개인 권리 보호라는 긴장이 발생한다.

→ 핵심 포인트: 마케팅의 자동화가 소비자 자율성과 선택권을 침해하지 않도록, '정보 비대칭' 해소가 필요하다.

2) 개인정보 보호와 데이터 윤리(Data Ethics)

AI 시대 국제 마케팅의 핵심 이슈는 개인정보 보호(Privacy Protection)이다. 특히 글로벌 시장에서는 국가별로 상이한 규제 체계가 존재한다.

- EU: GDPR(General Data Protection Regulation)
  → 데이터 처리의 명시적 동의와 삭제권 보장
- 미국: CCPA(California Consumer Privacy Act)
  → 소비자 데이터 접근·거부·삭제 권리 강화
- 한국: 개인정보보호법
  → 목적 외 사용 제한, 개인정보 이동권 보장

전략적 시사점으로 기업은 각국의 법률을 준수하면서도 글로벌 데이터 거버넌스(Global Data Governance) 체계를 구축해야 한다.

3) 알고리즘 편향(Algorithmic Bias)과 공정성(Fairness)

AI 마케팅 알고리즘은 데이터의 특성과 설계자의 가치에 따라 편향(Bias)을 내포할 수 있다. 사례로, 특정 인종·성별·지역의 데이터를 과대표집하면, 추천이나 광고가 특정 집단에 불리하게 작동한다.

→ 윤리적 과제: AI 시스템은 투명한 데이터 설계, 검증 가능한 알고리즘, 설명 가능한 의사결정(Explainable AI)이 필요하다.

4) 소비자 조작과 '다크 패턴(Dark Pattern)' 문제

AI 기술은 소비자 행동을 예측하고 설득력 있는 메시지를 제공할 수 있지만, 이를 악용하면 소비자의 인지적 약점을 이용하는 다크 패턴 마케팅이 발생한다.

사례로, 자동 구독 갱신 숨기기, 클릭 유도형 버튼 색상 조작, 허위 희소성 광고 등

→ 법적·윤리적 대응: 다크 패턴은 EU, 미국, 한국 모두 소비자기만 행위로 규제되고 있다.

기업은 '설득'과 '조작'의 경계를 명확히 구분해야 한다.

5) 글로벌 시장에서의 윤리 표준과 CSR 확장

글로벌 소비자는 AI를 활용한 기업의 사회적 책임(CSR)과 윤리 수준을 중요하게 평가한다. 데이터 윤리, 환경 보호, 사회 공헌 등 ESG 가치와 마케팅의 통합(Ethical Branding)이 브랜드 신뢰의 핵심이 되었다.

→ 핵심 시사점: AI 시대의 글로벌 마케팅은 이윤 중심 전략이 아니라 가치 중심 전략으로 전환해야 한다.

6) 법적 규율의 국제적 조화 필요성

AI 기반 국제 마케팅은 국가 간 데이터 이동, 소비자 보호, 알고리즘 책임 등에 있어 단일한 법체계가 없다는 점이 문제로 지적된다. 따라서 국제적 협력(International Harmonization)을 통한 데이터 보호 기준의 조화가 필수적이다.

사례: OECD의 AI 권고안, UNESCO의 AI 윤리 헌장, ISO/IEC의 AI 거버넌스 표준

7) 투명성과 신뢰의 확보

소비자는 점점 더 투명한 기업을 선호한다.

AI 마케팅 과정에서 소비자에게 데이터 수집 목적, 활용 범위, 거부권 보장을 명확히 제시해야 한다.

→ 전략적 시사점: 신뢰는 기술력보다 강력한 브랜드 자산이며, '신뢰 기반 마케팅(Trust-based Marketing)'은 글로벌 시장의 장기 경쟁력으로 작용한다.

AI 시대의 국제 마케팅은 기술 효율성+윤리적 투명성+법적 정합성의 삼각 균형 위에 서야 한다.

기업은 소비자의 신뢰를 얻기 위해 법규 준수를 넘어, 데이터 윤리와 공정한 알고리즘 설계를 기업 문화로 내재화해야 한다.

제12장 케이스 스터디

• 나이키의 AI 기반 글로벌 마케팅 캠페인

1) 배경

나이키(Nike)는 전 세계 190개국 이상에서 활동하는 글로벌 브랜드로, 최근 인공지능(AI)을 활용해 소비자 행동 데이터 기반 맞춤형 캠페인을 실행하고 있다.

특히 Nike App과 Nike Fit 서비스를 통해 소비자의 발 모양, 사이즈, 구매 이력, 운동 기록 등을 분석하여 개인 맞춤형 제품 추천과 글로벌 소비자 경험의 통합을 추진하고 있다.

2) 주요 AI 전략

[전략 구분/ 내용/ 주요 효과]

* 데이터 기반 개인화
  - 전 세계 소비자 데이터를 통합 분석하여 개인 취향에 맞는 제품 추천
  - 구매 전환율 상승, 고객 충성도 강화

* 지역별 콘텐츠 현지화
  - AI를 활용한 문화별 콘텐츠 생성(한국 = 러닝 챌린지, 브라질 = 축구 캠페인)
  - 문화적 공감대 형성, 브랜드 친밀감 향상

* AI 예측 분석
  - SNS, 온라인 검색 데이터를 기반으로 제품 수요 예측
  - 재고 관리 효율화, 생산비 절감

* 감정 AI 활용
  - 소비자의 반응(표정, 언어, 클릭패턴)을 분석하여 광고 감정 반응 평가
  - 글로벌 광고 감정 일관성 유지

글로벌 소비자들은 AI 기반 개인화 서비스에 긍정적 반응을 보이며, 브랜드에 대한 몰입도가 증가하였다. 그러나 문화적 맥락이 반영되지 않은 자동화된 메시지는 일부 지역에서 거부감을 초래했다.

이는 AI 글로벌 마케팅에서 현지화(Localization)의 중요성을 다시금 부각시켰다.

3) 인문학적 관점에서의 해석

AI는 효율적 데이터 기반 의사결정을 가능하게 하지만, 인간의 감정·가치·문화적 다양성을 완전히 대체할 수 없다.

따라서 글로벌 마케팅에서 '기술적 표준화'와 '문화적 다양성 존중'의 균형은 핵심 인문학적 과제이다.

토의 질문

1. AI가 글로벌 소비자 행동의 '문화적 차이'를 줄이는가, 아니면 새로운 차이를 만드는가?

2. 글로벌 브랜드가 AI 개인화 마케팅을 추진할 때, '표준화'와 '현지화' 중 어느 쪽이 더 효과적일까?

3. AI가 소비자 데이터를 활용하는 과정에서 발생할 수 있는 윤리적 문제는 무엇인가?

4. 인간의 감정과 문화적 맥락을 반영하지 못한 AI 캠페인이 실패한 사례를 들어보자.

5. AI 기술 발전이 글로벌 브랜드 가치 형성에 미치는 영향을 긍정·부정 양면에서 논하라.

* 워크시트 활동

① 사례 선택

분석할 글로벌 브랜드 1개를 선택하시오.

사례: 코카콜라 / 애플 / 넷플릭스 / 삼성전자 / 나이키 / 루이비통 / 아마존

② 지역별 AI 마케팅 비교

[소비자 행동 특징/ AI 마케팅 적용 사례/ 문화적 고려 요소/ 개선 제안]

1. 북미

2. 유럽

3. 아시아

4. 남미

5. 중동/아프리카

제13장

AI 시대 소비자 행동의 미래 전망

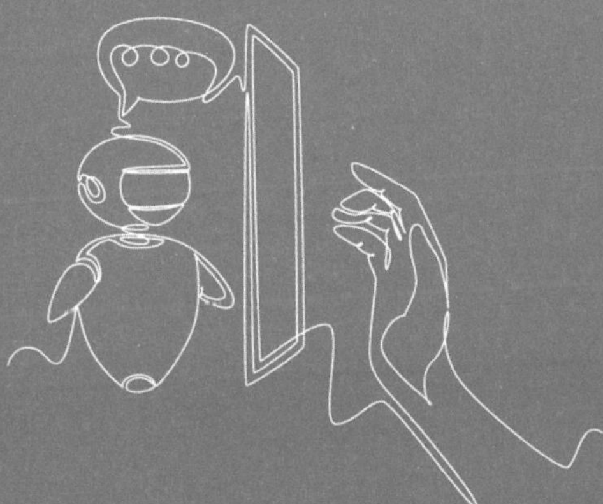

AI 시대의 소비자 행동론

학습목표

AI 시대 소비자 행동 연구의 장기적 발전 방향을 이해한다.

학술적 연구와 실무 적용의 연계성을 평가할 수 있다.

미래 소비자 행동 예측과 전략 설계의 통합적 접근을 설명할 수 있다.

지속가능성과 윤리적 고려를 포함한 미래 연구 설계 방안을 제시할 수 있다.

핵심용어

미래 연구(Future Research), 학술적 시사점(Academic Implication), 실무적 시사점(Practical Implication), 지속가능 소비(Sustainable Consumption), AI 기반 전략(AI-driven Strategy), 혁신적 마케팅(Innovative Marketing), 예측 분석(Predictive Analytics), 윤리적 연구(Ethical Research)

제13장

AI 시대 소비자 행동 연구와 미래 전망

1. AI 시대 소비자 행동 연구 트렌드

AI의 급속한 발전은 소비자 행동 연구의 패러다임을 '데이터 중심 → 인간·기술 통합형'으로 변화시키고 있다. 전통적인 설문 기반 연구에서 벗어나, 이제는 실시간 행동 데이터, 감정 인식, 딥러닝 기반 예측 모델을 활용하여 소비자의 '잠재 욕구'를 파악하는 단계로 나아가고 있다.

1) 실시간 데이터 기반 행동 분석

소비자의 클릭, 시청, 이동, 음성 데이터를 수집하여 구매 의도 및 감정 상태를 실시간으로 분석

예: 유튜브 시청 패턴을 통한 광고 노출 시점 최적화

2) 인공지능을 통한 개인 맞춤형 예측

추천 알고리즘(AI Recommendation Systems)을 활용하여 개인화된 콘텐츠, 가격, 광고 제공

예: 넷플릭스, 아마존의 개인 맞춤 추천 모델

3) 감정·심리 데이터 통합 연구

표정 인식, 뇌파, 음성톤 등 감정 데이터와 행동 데이터를 결합해 심층적 소비자 인사이트 도출

예: 광고 시청 중 얼굴 표정 분석을 통한 감정 반응 측정

4) 사회문화적 요인의 재조명

기술이 인간의 감정과 정체성, 문화적 소비 패턴을 어떻게 재구성하는가에 주목

예: AI 생성 콘텐츠(AIGC) 소비자의 '창작 주체성' 문제

5) 지속가능성과 윤리 중심 연구 확대

데이터 프라이버시, 알고리즘 편향, 지속가능 소비 등 윤리적 소비 행동에 대한 연구 강화

예: 친환경 제품 소비를 유도하는 AI 캠페인의 사회적 책임 평가

(1) 데이터 중심 소비자 연구의 심화

AI 기술은 빅데이터·딥러닝을 통해 소비자의 정서, 맥락, 감정 상태까지 분석 가능하게 했다.

→ 연구 초점이 '행동 관찰'에서 '의미 해석(Meaning Analysis)' 중심으로 이동.

(2) 감성·인지 융합 연구

AI는 표정·음성·시선·뇌파 데이터까지 분석하여 소비자의 감정적 의사결정 메커니즘을 규명한다.

→ '감성 AI(Affective AI)' 기반 소비자 행동 연구가 새 트렌드로 부상

(3) 지속가능성과 윤리적 소비의 AI 분석

ESG·윤리 소비가 확대되며, AI는 소비자의 가치관·사회적 책임 태도를 정량적으로 분석하는 도구로 활용된다.

(4) 실시간 행동 데이터 기반 예측

AI는 SNS, 위치 데이터, 온라인 검색 패턴 등을 실시간 분석해 소비 트렌드를 예측한다.

→ '예측형 소비자 연구(Predictive Consumer Analytics)'로 진화

2. 미래 소비자 행동 예측 방법

1) 핵심 개념

AI 시대의 소비자 행동 예측은 단순한 '통계적 예측'을 넘어, 데이터 기반·맥락 인식·미래 시뮬레이션형 분석으로 발전하고 있다.

즉, '과거 행동'뿐 아니라 현재의 감정, 사회적 관계, 디지털 발자국을 통합 분석해 미래 행동을 확률적·시나리오 기반으로 전망한다.

2) 주요 예측 접근법

① 빅데이터 기반 행동 예측(Data-driven Forecasting)

SNS, 구매 이력, 검색 패턴, 위치 정보 등을 수집하여 미래 구매 의도와 브랜드 선호를 예측

AI 알고리즘(예: LSTM, XGBoost 등)이 과거 패턴을 학습해 미래 확률을 계산

예: 구글 트렌드를 이용한 소비 트렌드 변화 감지

② 감정 및 맥락 인식 예측(Emotion & Context-Aware Prediction)

소비자의 표정, 음성, 뇌파, 생체 신호 등 감정 데이터를 실시간 분석

특정 상황(날씨, 장소, 시간)에 따른 행동 변화를 예측

예: '기분 좋은 날'에는 커피 구매 확률이 2배 높다는 분석 결과

③ 디지털 트윈(Digital Twin) 기반 시뮬레이션

가상의 소비자 아바타(디지털 트윈)를 생성해 행동을 실험적으로 재현

제품 디자인, 가격 변화, 광고 메시지의 반응을 사전에 예측 가능

예: 가상 쇼핑 환경에서 소비자 이동 동선 및 구매 포인트 분석

④ **예측 분석 + 생성형 AI 결합(Predictive + Generative AI)**

예측 AI는 '무엇이 일어날지'를, 생성형 AI는 '어떻게 대응할지'를 제안

예: AI가 특정 고객층의 이탈 가능성을 예측하고, 즉시 맞춤형 메시지를 자동 생성

⑤ **시나리오 기반 미래 분석(Scenario & Foresight Analysis)**

정치, 기술, 환경 등 거시 변수 변화를 반영한 미래 소비 시나리오를 설계

예: "AI 규제 강화 시 소비자의 데이터 제공 태도 변화" 시뮬레이션

3. 미래 지향적 마케팅 전략 설계

1) 핵심 개념

AI 시대의 미래 지향적 마케팅 전략은 데이터 기반 예측, 인간 중심 경험, 지속가능성 및 윤리적 가치를 결합해야 한다.

단순히 '제품·가격·광고' 전략을 넘어, AI를 활용해 개인화·예측·공감형 마케팅을 설계하는 것이 핵심이다.

2) 주요 전략 요소

① **초개인화(Hyper-Personalization) 전략**

AI가 소비자의 행동, 감정, 상황, 사회적 관계까지 분석해 맞춤형 콘텐츠·상품 추천

예: 넷플릭스, 스포티파이의 개인별 콘텐츠 추천 알고리즘

장점: 소비자 참여와 충성도 증가

주의점: 과도한 개인화는 프라이버시 침해 가능

② **예측 마케팅(Predictive Marketing)**

AI 기반 예측 모델을 활용해 소비자의 구매 가능성을 실시간 분석

예: 아마존의 '예측 배송(Predictive Shipping)'
장점: 재고 최적화, 구매 전환율 상승
주의점: 소비자 행동 불확실성에 대한 대응 필요

③ 공감형 브랜드 전략(Empathic Branding)

브랜드가 소비자의 감정·가치·정체성에 공감하는 메시지 전달
예: 스타벅스, 코카콜라의 지역별 맞춤 캠페인
장점: 장기적 브랜드 충성도 구축
주의점: 공감이 실제 경험과 일치하지 않으면 신뢰 하락

④ 지속가능·윤리 중심 마케팅

ESG, 친환경, 사회적 책임을 AI 마케팅과 연계
예: AI가 소비자 선호 데이터를 분석하여 친환경 상품 추천
장점: 윤리적 브랜드 이미지 강화, 장기적 시장 확보
주의점: 단순 '포장 마케팅'이 아닌 실질적 CSR 활동과 연계 필요

⑤ AI-통합형 전략

위 모든 전략을 통합적 관점에서 설계
AI 기반 데이터 분석 → 예측 → 개인화 → 공감 메시지 → 지속가능성 연계
목표: 인간 중심, 데이터 기반, 윤리적·지속가능한 마케팅 전략 완성

(1) 초개인화(Hyper-Personalization) 전략

AI는 소비자의 감정·상황·사회적 관계망까지 분석해 맥락 기반 개인화(Contextual Personalization)를 가능하게 한다.

(2) 예측 마케팅(Predictive Marketing)

AI는 구매 가능성이 높은 고객을 실시간 파악하고, 최적 시점에 메시지를 전달한다.

→ "누가 언제 무엇을 살 것인가"를 자동 예측하는 AI 기반 타이밍 마케팅 확산

(3) 공감형 브랜드 전략(Empathic Branding)

소비자와 감정적으로 소통하며, 인간 중심적 브랜드 이미지를 강화하는 전략이 중요.

(4) 지속가능 소비 기반의 윤리 마케팅

ESG 가치, 친환경, 사회적 책임을 AI 커뮤니케이션 전략과 연계하여 설계.

4. 소비자 행동 변화와 혁신적 방향

1) 핵심 개념

AI와 디지털 기술의 발전은 소비자 행동 자체를 근본적으로 변화시키고 있다.

과거의 소비자는 단순히 상품을 구매하는 '수동적 행위자'였지만, 이제는 데이터 생산자이자, AI와 상호작용하는 능동적 참여자로 진화하고 있다.

주요 변화 방향:

① 참여형 소비(Peer & AI Collaborative Consumption)

소비자가 단순히 구매하는 것을 넘어, AI와 함께 상품 추천, 디자인, 경험 개선에 참여

예: 커스텀 스니커즈 디자인, AI 기반 개인 맞춤 콘텐츠

② 즉각적·맥락적 의사결정(Real-time & Contextual Decision)

위치, 시간, 날씨, 감정 상태 등 실시간 데이터를 기반으로 소비 선택

예: 날씨 앱 연동 음료 추천, 즉시 할인 쿠폰 제공

③ 경험 중심 소비(Experience-driven Consumption)

물리적 제품보다는 경험과 서비스 중심 소비 확대

예: 가상현실(VR) 체험관, AR 쇼핑, 몰입형 브랜드 이벤트

④ 가치 · 윤리 기반 소비(Value & Ethical Consumption)

ESG, 친환경, 공정무역 등 가치 중심 의사결정 강화

예: AI가 추천한 친환경 상품 구매 비율 증가

⑤ 사회적 · 디지털 정체성 반영(Social & Digital Identity)

소비는 사회적 지위, 소속감, 온라인 정체성 표현 수단으로 활용

예: SNS 공유를 고려한 AI 맞춤 추천, NFT · 디지털 굿즈 소비행동 변화 촉진 –실시간 피드백, 개인화 메시지

사회적 가치 고려: 윤리적 소비, 지속가능성 강조

신기술 적용: 메타버스, AI 챗봇, VR/AR 경험

장기적 충성도 강화: 데이터 기반 맞춤형 경험 제공

5. 윤리적 · 사회적 고려사항

1) 핵심 개념

AI 시대의 소비자 행동 연구와 마케팅 전략은 효율성과 개인화를 넘어 윤리적 · 사회적 책임을 반드시 고려해야 한다.

데이터 기반 맞춤형 마케팅, 예측 분석, AI 추천 시스템은 편리함을 제공하지만, 프라이버시 침해, 편향된 알고리즘, 소비자 자율성 제한과 같은 문제를 수반한다.

주요 고려 사항:

① 데이터 프라이버시 보호

소비자의 위치, 검색, 구매, 감정 데이터 등 민감 정보 수집 시 명확한 동의와 보호 필요

예: GDPR(유럽 일반 개인정부 보호법), CCPA(캘리포니아 소비자 개인정보 보호법)

② 알고리즘 편향(Bias) 관리

AI가 학습한 데이터의 불균형으로 특정 집단을 차별할 위험 존재

예: 얼굴 인식 AI의 인종·성별 편향 문제

③ **소비자 자율성과 선택권 존중**

AI 추천이 과도하면 소비자의 '자율적 선택'을 제한할 수 있음

예: 맞춤 광고가 반복적으로 특정 상품만 노출

④ **윤리적·사회적 가치 반영**

ESG, 지속가능성, 사회적 책임을 전략과 결합

예: 친환경 제품 추천, 공정무역 참여 유도

⑤ **투명성과 신뢰 구축**

AI 시스템의 의사결정 과정 공개, 소비자가 이해할 수 있는 방식 제공

예: AI 추천 이유 표시, 데이터 활용 방식 안내

제13장 케이스 스터디

• 미래 전망과 연구 시사점

아마존(Amazon)의 AI 기반 소비자 행동 분석

고객 검색·구매·장바구니 데이터를 통합하여 개인 맞춤형 추천

'예측 배송' 시스템: 구매 가능성이 높은 상품을 미리 물류 창고 근처로 이동

통찰: 소비자 행동 연구가 '사후 분석'에서 '선제적 예측'으로 변화

토의 질문

1. AI 기반 소비자 분석과 기존 심리학적 접근의 차이는 무엇인가요?

2. 실시간 행동 분석의 장단점은 무엇일까요?

3. 'AI 예측 소비'가 소비자의 자율성을 제한할 가능성은?

4. 인문학적 접근이 AI 소비자 연구에서 할 수 있는 역할은?

5. AI 시대 소비자 신뢰는 어떻게 형성되어야 할까요?

* 워크시트 활동

- 주제: "AI 소비자 행동 분석의 트렌드 지도 만들기"

  소그룹별로 트렌드 선택 → 사례 조사 → 트렌드 맵 시각화 → 발표 → 개인 반성 작성

참고문헌

Arnould, E. J., & Thompson, C. J. (2005). Consumer culture theory (CCT): Twenty years of research. Journal of Consumer Research, 31(4), 868-882.

Arora, N., Dreze, X., Ghose, A., Hess, J. D., Iyengar, R., Jing, B., … & Shankar, V. (2008). Putting one-to-one marketing to work: Personalization, customization, and choice. Marketing Letters, 19(3-4), 305-321.

Batchelor, J., & Hagtvedt, H. (2022). Choice overload in online retail: Effects on consumer decision-making. Journal of Retailing and Consumer Services, 64, 102821.

Belk, R. W. (2013). Extended self in a digital world. Journal of Consumer Research, 40(3), 477-500.

Belz, F. M., & Peattie, K. (2012). Sustainability marketing: A global perspective. Wiley.

Chatterjee, S., Nguyen, B., & Chaudhuri, S. (2020). Artificial intelligence in consumer behavior: Opportunities and challenges. Journal of Business Research, 116, 319-330.

Chatterjee, S., Nguyen, B., & Ghosh, S. (2021). AI and sustainable consumer behavior: Opportunities and challenges. Journal of Business Research, 135, 568-580.

Chatterjee, S., Nguyen, B., & Ghosh, S. (2022). AI in consumer behavior: Integrated analysis and practical application. Journal of Business Research, 145, 1100-1115.

Chatterjee, S., Nguyen, B., & Ghosh, S. (2023). AI in consumer behavior: Future research directions. Journal of Business Research, 150, 1200-1215.

Chatterjee, S., Nguyen, B., & Ghosh, S. (2023). AI in organizational marketing decisions: Consumer behavior applications. Journal of Business Research, 158, 1400-1415.

Chatterjee, S., Nguyen, B., & Ghosh, S. (2024). AI in consumer behavior: Comprehensive analysis and strategic application. Journal of Business Research,

160, 1500-1515.

Chatterjee, S., Nguyen, B., Ghosh, S. K., Bhattacharjee, K. K., & Chaudhuri, S. (2020). Adoption of artificial intelligence in customer experience management. Journal of Business Research, 116, 319-331.

Cheung, C. M., & Thadani, D. R. (2012). The impact of electronic word-of-mouth communication: A literature analysis and integrative model. Decision Support Systems, 54(1), 461-470.

Davenport, T. H., & Dyché, J. (2013). Big data in big companies. International Institute for Analytics.

Davenport, T. H., Guha, A., Grewal, D., & Bressgott, T. (2020). How artificial intelligence will change the future of marketing. Journal of the Academy of Marketing Science, 48, 24-42.

De Mooij, M. (2020). Global marketing and advertising: Understanding cultural paradoxes. Sage.

Engel, J. F., Blackwell, R. D., & Miniard, P. W. (1995). Consumer behavior (8th ed.). Dryden Press.

Eshet-Alkalai, Y. (2004). Digital literacy: A conceptual framework for survival skills in the digital era. Journal of Educational Multimedia and Hypermedia, 13(1), 93-106.

Hoffman, D. L., & Novak, T. P. (1996). Marketing in hypermedia computer-mediated environments: Conceptual foundations. Journal of Marketing, 60(3), 50-68.

Kahneman, D. (2011). Thinking, fast and slow. Farrar, Straus and Giroux.

Kahneman, D., & Tversky, A. (1979). Prospect theory: An analysis of decision under risk. Econometrica, 47(2), 263-291.

Kotler, P., & Keller, K. L. (2016). Marketing management (15th ed.). Pearson.

Kotler, P., Kartajaya, H., & Setiawan, I. (2017). Marketing 4.0: Moving from traditional to digital. Wiley.

Kotler, P., Keller, K. L., & Chernev, A. (2021). Marketing management: Global perspective. Pearson.

Kotler, P., Keller, K. L., & Chernev, A. (2022). Marketing management: Future perspectives. Pearson.

Kotler, P., Keller, K. L., & Chernev, A. (2022). Marketing management: Strategic insights and organizational application. Pearson.

Kotler, P., Keller, K. L., & Chernev, A. (2023). Marketing management: Integrative insights and strategic recommendations. Pearson.

Kotler, P., Keller, K. L., Hoon, A. C., & Wee, C. H. (2019). Marketing management: Sustainable marketing strategies. Pearson.

Kumar, V., & Reinartz, W. (2016). Creating enduring customer value. Journal of Marketing, 80(6), 36-68.

Lemmens, A., & Croux, C. (2006). Bagging and boosting classification trees to predict churn. Journal of Marketing Research, 43(2), 276-286.

Lemon, K. N., & Verhoef, P. C. (2016). Understanding customer experience throughout the customer journey. Journal of Marketing, 80(6), 69-96.

Lemon, K. N., & Verhoef, P. C. (2016). Understanding customer experience throughout the customer journey. Journal of Marketing, 80(6), 69-96.

Liu, Y., & Shrum, L. J. (2021). AI-driven consumer behavior research: Trends and future directions. Journal of Consumer Research, 48(5), 789-812.

Nass, C., & Moon, Y. (2000). Machines and mindlessness: Social responses to computers. Journal of Social Issues, 56(1), 81-103.

Pine, B. J., & Gilmore, J. H. (1998). Welcome to the experience economy. Harvard Business Review, 76(4), 97-105.

Rust, R. T., & Huang, M. H. (2014). The service revolution and the transformation of marketing science. Marketing Science, 33(2), 206-221.

Shin, D. H. (2022). Artificial intelligence and consumer decision-making: A review of current research. Journal of Retailing and Consumer Services, 64, 102780.

Shmueli, G., Bruce, P. C., Gedeck, P., & Patel, N. R. (2020). Data mining for business analytics: Concepts, techniques, and applications in R. Wiley.

Simon, H. A. (1957). Models of man: Social and rational. Wiley.

Smith, A., & Rupp, W. T. (2020). Predictive analytics in consumer behavior: Applications and challenges. Journal of Business Research, 117, 123-134.

Swart, J., Bos, M., & van der Linden, D. (2020). Cognitive load and consumer decision-making: A digital perspective. Computers in Human Behavior, 112, 106470.

Wedel, M., & Kamakura, W. A. (2012). Market segmentation: Conceptual and methodological foundations. Springer.

Wedel, M., & Kannan, P. K. (2016). Marketing analytics for data-rich environments. Journal of Marketing, 80(6), 97-121.

White, K., Habib, R., & Hardisty, D. J. (2019). How to SHIFT consumer behaviors to be more sustainable: A literature review and guiding framework. Journal of Marketing, 83(3), 22-49.

Zuboff, S. (2019). The age of surveillance capitalism: The fight for a human future at the new frontier of power. PublicAffairs.

저자 약력

신홍섭

현) 가천대학교 경영학과 마케팅전공 초빙교수
　　78MOVE 경영컨설팅 그룹 이사
　　한국문화산업학회 사무국장

강의: 소비자행동, 인터넷 마케팅, 소비자행동과 마케팅 등

장현수

현) 가천대학교 일반대학원 경영학과 마케팅 박사
　　한국코칭리더협회 총재
　　(사)한국크리스토퍼리더십 이사
　　크리스토퍼 평생교육원 화성지부 지부장
　　(주)현주 대표이사

최정선

현) 가천대학교 일반대학원 경영학과 겸임교수
　　한국전통문화 연구소 대표
　　한국디자인사진연구소 연구교수

수상: 환경부 장관 표창장
　　　경기도 지사 표창패
　　　이길여 총장 공로패
출판: 『창업 마케팅』, 『브랜드마케팅』, 『사진, 환경을 만나다』 등

AI 시대의 소비자 행동론

초판발행 2026년 3월 5일

지은이 신홍섭·장현수·최정선
펴낸이 안종만·안상준

편 집 우석진
기획/마케팅 김한유
표지디자인 BEN STORY
제 작 고철민·김원표

펴낸곳 (주) 박영사
서울특별시 금천구 가산디지털2로 53, 210호(가산동, 한라시그마밸리)
등록 1959. 3. 11. 제300-1959-1호(倫)
전 화 02)733-6771
f a x 02)736-4818
e-mail pys@pybook.co.kr
homepage www.pybook.co.kr
ISBN 979-11-303-9792-4 93320

정 가 23,000원